AF462768

LE LIVRE DES VIERGES DE S. AMBROISE EVESQVE DE MILAN.

TRADVIT EN PARAPHRASE.

Par le P. FRANÇOIS ADAM LEVRIN *de la Compagnie de* IESVS.

IHS

A PARIS,
Chez ADRIAN TAVPINART, ruë S. Iacques à la Sphere.

M. DC. XLV.

Auec Approbation & Priuilege.

A LA MERE DE DIEV.

SAINTE VIERGE

Il me ſemble que mes deuoirs croiſſent en voſtre endroit, à meſure que je vous les rends. Je ne ſçay, ſi c'eſt voſtre grandeur ou mon amour, qui me fait les choſes ſi difficiles,

& qui m'esloigne de vous quand je m'en approche; mais je sçay bien, que plus j'ay d'inclination à vous honnorer, plus je me connois incapable de vous satisfaire. I'ay donné mes Premiers essays à vos cheres filles; & comme je les ay prises pour vos principales heritieres, j'ay aussi pensé que ce qui tomboit entre leurs mains, retournoit aux vostres, & qu'on vous plaisoit en les s ruant: neantmoins comparant depuis la bassesse de mon trauail auec leurs merites, & cette petite reconnoissance auec vos incomparables bienfaits; je trouue apres tout, que ie n'ay rien acheué

à leur auantage, ny peuteſtre à voſtre gré. Il faut que je m'eſuertüe vne autrefois de vous reconnoiſtre, & que je vous monſtre que je ne ſuis point ingrat; il faut que je trouue vn preſent digne de vous, & que je le jette à vos pieds ſacrez, ſi je ne merite pas de toucher vos mains. Ne regardez-point que c'eſt vn petit eſprit, & vn grand pecheur qui vous l'offre; mais conſiderez le premier Auteur qui l'a fait, & attendu la beauté & la perfection de l'original, excuſez les fautes & les taches de la copie. C'eſt vne lumiere de l'Egliſe, & l'vn de vos plus deuots ſeruiteurs; c'eſt vn grand Docteur & vn grand Prelat; c'est le saint & l'oracle de son siecle: c'est l'Eloge & la recommandation de la Virginité, que vous auez tant aymée pendant vostre vie, & que vous auez conseruée jusques à la mort. O Sainte Vierge, la plus heureuse de toutes les meres, & la plus immaculée de toutes les filles, ie n'ay rien a vous donner apres cela: ny qui soit plus riche, ny qui soit plus cher, ny qui vous puisse estre plus aggreable. Ie vous prie donc de receuoir de bonne part le present que je vous fais, & pour eschange, d'attirer sur moy les benedictions du Ciel. Pendan que je cherche des offrandes pour vostre honneur , obtenez-moy des graces pour mon salut : & comme vous m'auez desia secouru en tant d'occasions , & particulierement pour la conseruation de ma vie , aydez-moy en fin pour gaigner le , port & pour arriuer à l'eternité. Souffrez que ma langue parle comme mon cœur , publiant au monde & à la posterité , que vous estes veritablement ma mere: & vous assurant de toute l'etendüe de mon amour & de mon respect, que ie prendrois volontiers le nom de vostre enfant si ie vous estois aussi semblable, comme je vous suis affectionné.

Permiſſion du Prouincial.

NOus Iean Fileau, Prouincial de la Compagnie de IESVS en la Prouince de France ſuiuant le Priuilege qui nous a eſté octroyé par les Roys tres-Chreſtiens, Henry III. le 10. May 1583. Henry IV. le 10. Decembre 1605. & Louis XIII. le 14. Fevrier 1612. par lequel il eſt deffendu à tous Libraires & Imprimeurs, d'Imprimer aucun Liure de ceux qui ſont compoſez par quelqu'vn de noſtre Cōpagnie ſans permiſſion des Superieurs d'icelle, Permettons à Adrian Taupinart Marchand Libraire à Paris, d'Imprimer vn Liure Intitulé *Le Liure des Vierges par Saint Ambroiſe Eueſque de Milan* & traduit en Paraphraſe par le Pere François Adam Levrin de la Compagnie de IESVS. Et enſemble certifions qu'il a eſté veu par trois Theologiens de noſtre Cōpagnie, qui l'ont jugé digne d'eſtre mis au jour en foy de quoy nous auons ſigné la preſente à Amiens ce 16. Avril 1644.

IEAN FILLEAV

PREres contrefaits & de tous despens dommages & interests comme plus à plan est porté par ces lettres de Priuileges. Donné à Paris, le 11. iour de Iuin. 1644.

Signé par le Roy en son Conseil.

LIGNERON.

LEdit Pere François Adam le Vrin a cedde & transporté le Priuilege cy-dessus qu'il a obtenu pour le *Liure des Vierges*, à Adrian Taupinart Marchand Libraire à Paris, pour en joüir en sa forme & teneur durant le temps porté en iceluy par acte du 14. Septembre 1644.

Signé ADAM LE VRIN.

PREMIER LIVRE DES VIERGES DE S. AMBROISE, ADRESSÉ A SA sœur Marcelline.

CHAPITRE PREMIER.

Preface de l'Auteur.

S'IL est veritable, comme l'on n'en peut pas douter, puis que la Sagesse l'a dit, que nous rendrons conte à Dieu non seulement de nos actions, mais encore de nostre loisir, & que le seruiteur qui par negligence, ou par auarice, a laissé gâter le bien de son maistre, au lieu d'en auoir soin & de le faire profiter, receura vn chastiment proportionné à son crime: j'ay veritablement dequoy craindre, de ce qu'ayant d'vne part si peu d'esprit, j'ay d'ailleurs tant d'obligation de parler au peuple. Car ie m'imagine que Dieu me demandera l'vsure de l'eloquence qu'il m'a donnée, & que s'il ne peut rencontrer en moy de grans effects, au moins il recherchera mon zele & ma volonté. C'est ce qui m'a porté à m'essaier sur quelque sujet: & pource que les liures ne rougissent point, il me semble que le public tirera quelque auantage de cét exercice, & que la verité ſera plus aydée de ma plume que de ma langue. Ie n'eſpere rien de la Rhetorique, mais ie m'appuye ſur la bonté & la miſericorde de Dieu ; ſi ie ſuis temeraire, il eſt ſage ; ſi ie ſuis foible, il eſt fort : & j'apprens dans les exemples & dans l'Ecriture, que les enfans ſont orateurs quand il luy plaiſt, & que les beſtes parlent, quand il veut. Pourueu qu'il luy plaiſe m'aſſiſter de ſon Ange, ſans doute que ma langue ſe denoüera, il luy eſt auſſi aiſé d'inſtruire l'ignorance, que de changer la nature ; & puiſque la vieille Loy qui n'eſtoit que la Cadete, a eû le bon-heur de voir reuiure vn bois mort, & vne baguette floriſſante dans la main d'vn preſtre : l'Egliſe qui eſt l'heritiere & l'auantagée en toutes choſes, peut attendre raiſonnablement de plus grans miracles. Les hommes ont naturellement plus de diſpoſition à ſe faire entendre que le buiſſon où Dieu a paru & parlé: peut eſtre que le mien s'allumera du meſme feu, peut eſtre que mes eſpines porteront des fruits, peut eſtre que ma voix touchera quelque pauure pecheur endormi, & qu'elle ſeruira à luy decouurir ſa boüe & à le nettoyer. Mais il me ſemble que ie preſume voulant eſperer, & que ie prens pour moy ce qui n'eſt deu qu'aux merites des grans ſaints; s'il plaiſoit à IESVS-CHRIST, de me chercher à l'ombre de ce mal-heureux figuier où ie languis, apres trois eſtés de ſechereſſe, ie luy pourrois promettre quelque choſe; c'eſt encore trop pour moy. Au moins ſi le maiſtre de la Vigne qui a reçeu l'ordre & le commandement de m'abbatre pour ce que ie ne fais rien, me vouloit accorder vne derniere année de grace, & me fauoriser de son soin, ie luy donnerois quelque esperance qu'auec le temps ie reconnaistrois son trauail. Bien-heureux sont ceux, dit le Prophete, qui lient leurs Cheuaux à la Vigne & à l'Oliue, & qui consacrent leurs peines à la paix & à la joye. Bien-heureux sont ceux qui s'eloignent du figuier, c'est à dire des appas du monde où toutes les grandeurs touchent la terre, où tous les trauaux sont accompagnés de Penitence, où tous les contentemens sont imparfaits, & où les fruits sont rares. Vous me demanderés peut-estre, pourquoy j'entreprens d'escrire, ne pouuant parler? Liſez l'Euangile, s'il vous plaiſt, & remarquez ce qui eſt arriué au Prophete Zacharie; c'eſt ce que i'ay à vous dire pour mõ excuſe, que la plume eſt la langue des muets, & qu'il y a beaucoup de choſes qui ſe couchent aiſément ſur le papier, & qui n'ont point de grace dans la bouche. Que ſi la naiſſance du Precurſeur & le nom de Iean ont rendu la Parole à Zacharie, je dois eſperer que je trouueray la mienne, voulant diſcourir de IESVS CHRIT: Ce ſeroit mon inclination & ma penſée, n'eſtoit que le Prophete m'arreſte, lors qu'enuiſageant le Meſſie, il donne le deffi à tous les eſprits, & qu'il demande aux hommes & aux Anges: qui racontera ſa generation. C'eſt pourquoy i'ay crû que pour reüſſir à quelque choſe, il falloit choiſir vn ſujet plus bas, & conſiderer les perfections de la ſeruante, ſi celles du Maiſtre nous éblouïſſent : Ie parle d'vne fille que Dieu a donné à ces derniers temps, qui eſt vn chef-d'œuure de grace & vn miracle de vertus ; où il a monſtré que noſtre infirmité ne l'empeſche point d'operer, pourueu que noſtre volonté ne reſiſte point, & qu'auec toutes les impuretez de noſtre nature il peut faire vn Temple dans vn homme, quand le cœur eſt à luy.

CHAP. II.

La raiſon qu'a eu l'Auteur de parler de la Virginité, à l'occaſion de la Feſte de ſainte Agnes: ſon eloge & ſon Martyre.

N'Eſt-ce point vne rencontre de faueur, que le temps s'accorde ſi parfaitement à mon deſſein, que je parle des Vierges & aux Vierges au jour d'vne Vierge, & que mon liure ſoit ſi heureux que d'eſtre entamé par vn Sermon de ſes loüanges? Il ſe faut diſpoſer à l'honneteté pour ce qu'elle eſt Vierge, & faire des Sacrifices pource qu'elle eſt Martyre. C'eſt la grande Feſte de ſainte Agnes, dont nous celebrons aujourd'huy la memoire : pour humilier les hommes, je dits que c'estoit vne fille ; pour donner du courage à la jeunesse, ie dits que c'estoit vn enfant : pour rauir les femmes, ie la mets de leur condition & de leur sexe ; & pour prouoquer toutes les filles à l'imitation de ses vertus, ie l'appelle Vierge. Mais ie ne sçay pas veritablement par où j'entreray en matiere, pource que celle-cy est enuironnée de si hauts merites, que ie n'y voy rien qui soit au dessous de l'excellence, & qui ne soit au dessus de mon esprit, sa deuotion n'a point de proportion à son âge ; sa vertu n'est point vn effect de la nature ; son nom est vn oracle de ce qu'elle doit estre vn jour, & ie croy que celuy qui le luy donna, fut vn grand Prophete ſans y penſer. Neantmoins ie trouue cét auantage pour moy, que le nom de Vierge, qui eſt celuy d'Agnes, & tout enſemble vn tiltre d'honneur & de honte, qui affecte ſingulierement d'eſtre caché, & que celuy de Martyre, que ie luy donne, comprend en eminence tout ce que ie puis dire de grand. Les plus courtes loüanges ſont ordinairement les plus fortes, & les plus belles recommandations ſont celles qui ne couſtent rien à l'orateur. Ie remercie mon eloquence & mon eſprit qui ne me peuuent ſeruir en cette rencontre; ie prie toutes les trompetes de prendre ma place, & j'inuite tous les âges & tous les Ordres de précher pour moy. Celle qui a merité le reſpect de tant de monde, ne peut eſtre ſuffiſamment loüée par vn ſeul ; il faut qu'elle ait autant de Predicateurs qu'il y a d'hommes, & qu'on parle d'elle autant de fois qu'on regarde les Martyrs. Ce fut à douze ans qu'elle ſouffrit : Cette circonſtance me repreſente d'vne part la cruauté du Tyran, qui tuë vne vie qui ne peut encore eſtre coupable ; & d'ailleurs elle me donne à connaiſtre la force de noſtre Religion qui fait des Soldats en vn âge où la nature n'en a point. Mais ie ne ſçaurois m'imaginer comment on trouua la place d'vne playe dans vn ſi petit corps, & que celle qui ne pouuoit receuoir de coups, ait pû remporter la victoire. Il me ſemble que les jeunes filles ſont ſi delicates, qu'elles pleurent de la piqueure d'vne eſguille, & qu'elles s'epouuantent du viſage de leurs parens, ſeulement à les voir plus ſerieux. Celle-cy menacée de toutes parts, chargée de chaiſnes, rouge de ſang, entre les mains de ſes juges, entre celles de ſes bourreaux, ſe trouue auſſi aſſurée qu'auec ſes compagnes. Tantoſt elle cherche le couſteau qui l'a doit fraper & preſente le col, affin qu'on commence; tantoſt elle demande où eſt la mort! Elle ne l'a connàit pas, mais elle l'ayme, que ſi on la pouſſe contre ſa volonté juſques à l'Autel des Idoles, & qu'on la contraigne de leur preſenter de l'Encens, elle reſiſte de tout ſon effort; & portant ſes yeux, où eſt ſon eſpoux & ſon cœur, apres auoir fait le ſigne de la Croix ſur le feu, & maudit l'idolâtrie; elle retire adroitement ſes petites mains & les jette dans la chaiſne qu'on luy a preparée. Mais c'eſt vn malheur pour elle que tous les neuds coulent, & qu'elle ne peut eſtre ſerrée comme elle voudroit ; voicy vne choſe admirable, auant que de connaiſtre la vie, elle veut apprendre à mourir, auant que de ſçauoir combattre, elle pretend à la victoire ; auant que de poſſeder la maturité de la raiſon, elle a obtenu la plenitude & le dernier degré des vertus. Ie ne penſe pas qu'on ayt jamais veu de femme ſi paſſionnée de l'amour, que celle-cy l'eſt de la mort: vous diriés que c'eſt vne eſpouſe qui ſe prepare, ou vne dame qui s'en va au bal ; elle n'a point de perles ni de bouquets ſur ſes cheueux, mais pour ce qu'elle eſt parée de Ieſus Chriſt, elle eſt aſſés belle ;

tout le monde crie, tout le monde la plaint, tout le monde pleure; elle rit, quelques vns s'estonnent qu'elle soit si liberale d'vn sang si jeune, & qu'elle donne vne vie qu'elle n'a pas encore goustée: on ne peut comprendre qu'estant incapable de juger de soy méme, elle serue de témoin à IESVS-CHRIST; que les hommes qui ne croiroient point à sa parole, croyent à sa resolution & à sa vertu; & que l'auteur de la nature soit reconnu pour tout-puissant par les miracles de la foiblesse. Le tyran fait parfaitement son deuoir; soit qu'il l'a menace pour l'obliger au respect, soit qu'il la flatte, pour luy donner de l'amour. Tous les ieunes hommes qui la voyent, souhaiteroient passionnement qu'elle voulut viure pour les contenter : Agnes s'en apperçoit & s'en offenſe ; on ſe trompe dit elle : on fait tort à mon Eſpoux, d'eſperer de moy que ie ſeray plus courtoiſe auec le temps ; celuy qui m'a fiancée, m'emportera. Mon amy , pourſuit elle à ſon Bourreau , de tous les hommes ie n'ayme que toy : mais ne m'epargne point, ie te prie ; mon corps a merité quatre fois la mort , pource qu'il a ſemblé beau à ceux , à qui ie ſuis obligée de deplaire. Ayant prononcé ces paroles, elle ſe tint debout quelque temps : elle pria , & puis elle plia la teſte. Vous attendés que ie vous die que le Bourreau ſe prepare & qu'il la choiſit , Ie vous aſſeure qu'il tremble comme s'il eſtoit condamné luy meſme. On dit que ſon eſpée luy tomba des mains & qu'il chãgea de couleur & de visage ; de sorte que ceux qui n'ont point ouy prononcer la sentence, peuuent penser sans temerité, que cest luy qui doit mourir, & qu'Agnes demande sa grace. Voila donc dans vne victime, deux Sacrifices, & dans la mesme personne, deux martyrs ; l'vn de chasteté, l'autre de religion : le premier vous represente vne fille qui se conserue, le second vous fait voir vn corps qui se perd.

Chap. III.

La Virginité est vne vertu Angelique & qui n'est connuë qu'aux Chrestiens.

L est temps que je me remette a ma tasche, & que ie vous parle de la Virginité, comme je l'ay entrepris;

entrepris; non ſeulement pour l'amour que jè luy porte, & pour l'occaſion preſente, qui eſt fauorable; mais encore pour contenter cette chere ſœur a qui j'eſcris, & a qui je puis dire ſans flatter, que quand le ſang qui nous lie enſemble iuſques au plus proche degré, n'auroit point de force ſur mon naturel; je croirois eſtre obligé de luy complaire, ſeulement pour ſa vertu. D'ailleurs je ne ſuis pas ſi peu exact, que je ne connaiſſe bien que je n'ay fait qu'vne digreſſion juſques icy & que jay quitté le fil de mõ diſcours: mais au reſte mon deſſein n'eſt pas de rien prendre des merites du martyre, pour farder la virginité; je ſçay que les vertus ſe peignent chacune de leurs couleurs, que celle-cy à ſon viſage& ſes ornemẽts à part, & qu'elle n'ẽprunte riẽ des autres je ſçay quil y a beaucoup de martyrs qui ne ſõt point vierges, qu'il n'y a point de Vierges qui ne ſoient Martyrs. Mais que dirai-ie de cette diuine qualité, qui ne ſe trouue point dans toutes les forces de la nature, & qui n'eſt preſque point d'vſage ſans miracle? Ce qu'elle fait icy bas en terre, eſt vn extrait & vne imitation de ce qui ſe pratique dans le ciel; ceſt l'a, ou elle a rencontré vn eſpoux qui luy reſſemble, & ou elle a appris a viure d'Eſprit. Non contente d'eſtre la plus rare de toutes les vertus, elle a voulu eſtre la plus riche; car elle a eſté trouuer le Fils de Dieu iuſques dans le ſein de ſon Pere, & l'a derobé: le larcin eſt ſi beau que tous les Anges voudroient l'auoir fait; & c'eſt ce que Salomon a prophetizé dans ces paroles du

Cantique ; voſtre nom eſt vne huile reſpanduë , c'eſt pourquoy les ieunes filles vous ont aymé : & ce que le Sauueur du monde dit dans l'Euangile, que ceux qui ne ſe marient point ſeront comme les Anges de Dieu dans le Ciel , c'eſt à dire qu'ils eſpouſeront le maiſtre pour ce qu'ils ont refusé les ſeruiteurs.

Concluons que la Virginité eſt vne des filles du Paradis, qu'elle eſt tres aymable , mais qu'elle eſt chere ; & qu'auant que le Fils de Dieu eut conſacré noſtre chair en s'vniſſant a noſtre nature, il eſtoit auſſi rare de voir des Vierges que des hommes ſans corps. Il eſt vray qu'helie eſtoit pluſieurs ſiecles deuant ſa naiſſance , & qu'il a veſcu fort purement ; mais auſſi l'Eſcriture dit que la terre ne le merita pas long temps , qu'il fut emporté dans vn char de feu, que depuis il aſſiſta à la gloire de IESVS-CHRIST ſur le Thabor, & qu'il ſera le précurſeur de ſon dernier iour. Il eſt vray que Marie ſœur de Moyſe apres le deluge des Ægyptiens, fit vne trouppe & vn chœur de Vierges, pour reſpõdre au Cantique de ioye, que ſon frere auoit composé ; mais cette Marie nous repreſentoit la Sainte Egliſe, qui eſt l'Epouſe ſans tache, & la bonne mere, qui aſſemble ſes enfans chés ſoy, pour chanter les louanges de ſon eſpoux. Il eſt vray qu'il y eut autrefois en Hieruſalem quelques filles cõſacrées a Dieu, mais vous ſçaués bien que l'Apoſtre nous aduertit que l'ancienne loy n'eſtoit qu'vn craion de la nouuelle ; & moy j'adiouſte que les eſſais de toutes les bonnes choſes peuuent eſtre multipliés, mais qu'il n'y a qu'vn ſeul original. Dés qu'il a paru, qu'il a eſté découuert & qu'on a veu cette ſocieté admirable des deux natures, la fleur de la Virginité a jetté vne odeur ſi douce, que toutes les conditions & tous les ſexes l'ont ſenti: de ſorte que depuis ce temps la, on a trouué des hommes de benediction & de bonne volonté, (comme les Anges le promettoient chantans ſur la creche) vaillans contre eux mémes, victorieux de leur chair, & amoureux de Dieu. Vous voiés d'ou la Virginité tire ſa naiſſance, & comme quoy elle n'a eſté pleinement pratiquée, que depuis la venüe du Sauueur. Quelle excellence pour elle? Quelle grace pour nous? que nous ſoions ſeparés par ſon moien de toutes les Religions du monde, des gentils, des barbares & des animaux. I'a-uoüe bien que nous reſpirons tous le meſme air, & qu'eſtans composés de meſme paſte, nous auons des paſſions & des obligations naturelles qui ſe reſſemblent; neantmoins il y a cette difference entre eux & nous, que les Chreſtiens portent vn veritable reſpect à l'honneſteté, les Gentils ſe contentent de la mine, les barbares la fuient comme vne taſche, & les autres ne la connaiſſent aucunement. Qu'on ne me parle point des miniſtres de Pallas ny des veſtales, car ce ſont des Chaſtetés à la Romaine, & des filles qui s'appellent Vierges ſans exception, pource qu'elles arriuent vn peu plus tard au degré des femmes. Si la pudicité eſt bien ſeante à tous les Ages, elle eſt neceſſaire au dernier; & d'autant que cette arriere ſaiſon de la vie à plus d'obligation à la ſageſſe, elle doit auoir moins d'inclination à la volupté. Pourquoy leur permet on quand elles ſont vieilles, ce qu'on leur deffend quand elles ſont belles? Le pouuoir qu'on leur oſte par violence fait que leur vertu eſt ſans merite, & la liberté qu'on leur rend apres quelques années de retenuë, eſt vn temoignage qu'on ſe defie qu'elles ne puiſſent eſtre juſques a la mort ce qu'elles ont eſté pendant leur ieuneſſe. Qu'elles mœurs? Qu'elle republique qui commande la virginité par Arreſt; & qui autorize les libertés? comme la force ne nous peut emporter l'honneur, auſſi ne le peut elle donner : ce n'eſt point eſtre Vierge que de l'eſtre par contrainte, auoir le corps chaste & les yeux lascifs, estre separée & penser au mariage, renoncer aux plaisirs & les esperer; Ils ont bonne grace de leur faire des faueurs, de leur accorder des priuileges, de leur promettre des recompenses; la recompense ne se donne qu'aux choses qui sont d'vn prix & d'vne valeur determinée; l'honneur ne l'est point: & quand il le seroit, & qu'il pourroit estre vendu, il est tousiours vray qu'il ne peut estre acheté, que vous diray-je des Bacchantes & des Prestres de Cybele: parmy eux le plus vilain est le plus saint, & pleut à Dieu qu'ils n'aymassent que les femmes: mais la nature n'a pas le pouuoir de retenir ceux que la raison ne gouuerne point; ils y sont prouoqués par l'exemple & par l'impudence de leurs dieux: ils ne penſent pas qu'eſtans engagés à les ſeruir, il leur ſoit deffendu de les imiter : il n'y à donc point de peuple ny de Religion qui porte des Vierges ; voyons ſi la Philoſophie nous en donnera; peut eſtre que comme elle eſt l'école des vertus, auſſi en eſt elle la mere. On raconte qu'vne Pythagoricienne ſe voyant preſſée par le tyran de luy decouurir ſon crime, & puis menacée en cas de refus, craignant que ſa langue ne repondit a la douleur, elle en coupa vn morceau qu'elle luy cracha au viſage, d'vn ſeul coup on ne pouuoit rien faire de plus grand, que de conſeruer l'honneur & le ſecret : il falloit de la reſolution pour ſe deffendre d'vne puiſſance abſoluë, il en falloit pour ne point apprehender la douleur qu'elle ſe cauſoit volontairement ; il en falloit aussi pour se taire, (car c'est vn miracle qu'vne femme qui ne parle point) neantmoins cette fille que vous admirés, manquoit au principal que ie demande : c'estoit la crainte qui l'a rendoit courageuse, c'estoit la honte du peché qu'elle auoit commis qui luy apprenoit à le cacher. Mais la nature qui ne ment jamais, & qui ne craint rien, témoigna bien tost dans sa grossesse qu'elle auoit oublié son deuoir, & le tyran reconnut de son costé que l'amour à plus de pouuoir sur les femmes que la douleur, & que toute la vertu de celle-cy estoit sur sa langue. O que nos Vierges sont bien plus braues, elles ont à combattre vn ennemy qu'elles ne voyent pas, elles font la guerre contre la chair, contre le sang, & contre les princes du monde; celuy qui les tente, les caresse; & pour toutes armes il n'employe contre elles que l'amour : auec cela elles triomphent. Agnés est plus ieune que celle-là, mais elle est plus sage, elle à moins de force, & à plus d'honneur, elle ne craint point sa langue, pource que n'ayant point fait de mal, elle n'a point de secret à cacher; au contraire elle l'a conserue pour rẽdre le témoignage qu'elle doit à IESVS CHRIT. La nature qui a decouuert la honte de cella-là n'a riẽ à dire pour Agnés qui ne soit bon, elle dit qu'elle est Vierge pour son innocence, qu'elle est Martyr pour son courage, & que celuy qu'elle sert est le vray Dieu.

CHAP. IV.

L'Origine de la Virginité rapportée au Verbe Incarné.

DANS les preceptes de la Rhetorique quand on veut loüer quelque chose on ne se contente pas de considerer ce qu'elle est, mais de plus on recherche d'ou elle vient; pour ce que les Orateurs se sont persuadés que le premier merite descend immediatement de l'origine, & que la Noblesse des Peres marque les enfans. Pour moy ie ne m'étudie point à l'artifice, & dans le sujet que ie tiens, ou ie trauaille à vne simple expression de la Virginité, j'ay plus de soin de la representer que de la peindre. Neantmoins puis qu'il m'est souuenu de la coutume, je l'a veus icy obseruer, & vous dire que la Virginité est vne puissāte dame, & que son pays est vn grand royaume. Ie vous l'ay deja nommé fort expressement, maintenant je vous prie de conclure que puis qu'elle est née dans le ciel, elle est bannie sur la terre; qu'elle est heritiere ou elle commande, & qu'elle est étrangere ou elle sert. Vous aués deuiné son pere, & je croy que vous l'aués jugé de son essence, & de la definition qu'on luy donne. La chasteté virginale est vne integrité parfaite, exempte de toute sorte de corruption, d'ou peut eclore cette fleur? Sinon d'vne terre virginale, de Iesus Christ Dieu & homme, qui a toutes les perfections ſelon la Diuinité, & qui n'a point de tache ſelon la chair. Arreſtés vous là, s'il vous plaiſt, & contemplés paiſiblement ce que je vous monſtre: le Verbe a eſté vne éternité toute entiere deuant les Vierges; au milieu des temps & par vn exces d'amour, il s'eſt fait homme, & à voulu naiſtre d'vne Vierge. Ce n'eſt pas tout; comme les choſes ſemblables ſe recherchent ardemment, & ſe rencontrent ordinairement, luy qui eſtoit Vierge à épouſé vne Vierge; de ſorte qu'il me ſemble qu'on peut dire en quelque façon, que la Virginité eſt ſa mere, la Virginité eſt ſon épouſe, la Virginité eſt ſa fille. Voila vn bon mot, mais ce n'eſt pas encores tout. Nous ſommes les enfans de cét homme Vierge, il s'eſt marié pour l'amour de nous, il nous a porté dans ſes entrailles, il nous à produit au jour, il nous à nourri de ſon lait, & c'eſt luy, dont parle l'Enigme du Prophete: combien la Vierge de Hieruſalem à elle fait de choſes? le tetin ne ſechera point ſur la pierre, comme la nége ne manquera point au mont Liban, non plus que la pluye & le vent à l'air. Cette pierre arrouſée de toutes les benedictions de la Trinité, qui eſt vne ſource d'eau viue, qui a plus de ſein & de lait que les plus fecondes femmes, qui eſt plus doux que le miel, ie l'interprete comme l'Apoſtre & la prens pour IESVS-CHRIST.

Chap. V.

Explication du Conseil de la Virginité par Sainct Paul, & les auantages des Vierges au dessus des Femmes.

MAis laissons le pere de la virginité & venons aux filles; Saint Paul en parle ainsi, je n'ay point de commandement exprés de mon maistre qui oblige a la Virginité; Personne ne l'a donc eu. Ie n'ay point de commandement exprés, pource que les choses rares, ne sont que de conseil: il seroit souhaitable qu'elles fussent Vniuersellement aymées, mais dans l'infirmité de nostre chair nous ne ne deuons pas eſperer que les petits courages y puiſſent atteindre. Ie veux, dit le meſme Apoſtre, que vous ſoiés ſans ſoin ; celuy qui n'a point de femme s'etudie a ſe rendre agreable à Dieu ; vne fille qui ne penſe point aux hommes, s'applique tout à fait à ſoy, ceſt à dire à la Sainteté de ſon eſprit & de ſon cops : au contraire vne femme mariée eſt obligeé de plaire au monde & a ſon mari. Ie parle comme Saint Paul, & je dis que le mariage eſt honnorable, mais que la Virginité eſt meilleure : j'adiouſte pour les foibles, qu'ils peuuent manger des legumes, & que les adouciſſemens ne ſont point deffendus a ceux qui en ont beſoin; je voudrois que ce que j'admire fut pratiqué de tout le monde, neantmoins ceux qui ne ſuiuent point mon inclination ne me deplaisent point ; ils pourroient estre incomparablement plus heureux , mais puis qu'ils n'en ont point les forces, ils n'y sont pas obligés. Si vous estes attaché a vne femme, au nom de Dieu , ne rompés point : si vous l'aués perduë, au nom de Dieu n'en cherchés point. Celuy qui se marie ne fait point mal, & celuy qui ne se marie point, fait mieux. Il veut dire qu'il n'y à point de peché a choisir les choses permises, comme le mariage, mais aussi qu'il n'y a pas grande vertu a s'y resoudre : sans doute que cest vn estat de perfection, mais c'est le dernier, & à mesure qu'vne personne est condamnée à ce remede, elle fait vne declaration publique de la bassesse de son courage &

de ſon infirmité. Au contraire la Virginité eſt loüée, comme vn eſtat Superieur, qui ſepare ceux qui s'y rangẽt, d'auec ceux qui n'y ſont pas ; & qui met autant de differẽce entre les fẽmes & les vierges, qu'il y en a naturellement entre les hommes & les Anges. Et puis que le diſcours nous porte aux comparaiſons, je ſeray bien aiſe de m'en ſeruir en cét endroit, comme d'vne preuue populaire & demonſtratiue a pluſieurs. Mais pource que je ſuis le plus fort, je prie les femmes de conſeruer leurs auantages, & de mettre l'inegalité: qu'elles choiſiſſẽt ce qu'elle trouuent de plus fade & de plus dégoutant dans les filles, & qu'elles montrent ce qu'elles eſtiment le plus de leur condition : qu'elles m'adreſſent aux plus fortunées de toutes les meres. N'eſt-il pas vray que ſi elles ont beaucoup d'enfans elles en ſont chargées, & que toutes les conſolations qui leur viennent de cette part ſont melées de crainte? Se ſouuiennent-elles de leurs nopces? N'eſt-il pas vray que le lendemain de ce beau iour elles ont pleuré, & qu'elles ont veu dans vn meſme temps la fin de leurs eſperances & de leurs plaiſirs? n'eſt-il pas vray que dans leur premiere groſſeſſe, voyant que la fecondité eſt vn bien ſi triſte, elles ont penſé au bonheur des filles? N'eſt-il pas vray que dedans leurs couches elles ont regretté d'eſtre meres? Et qu'elles ont trouué que les enfans ſont bien chers, puis qu'ils ne peuuent entrer dans la vie ſans mettre en danger celles qui leur donnent. N'eſt-il pas vray qu'elles ont experimenté, que quelque rapport qui puiſſe eſtre entre perſonnes mariées, il y à toujours plus de jalouſies que d'amour; elles ont acheté leur contentement au prix de leur liberté: elles ſont heureuſes; elles ſont miſerables, elles ayment leurs enfans, mais elles craignent leurs heritiers. Ie ne parle point de leurs plus ſecretes peines de peur d'effaroucher celles qui y ſont engagées. Mais ie vous prie, ma chere ſœur, de conſiderer auec moy ſi ce ne ſont pas choſes bien dures à ſouffrir, puis qu'on ne les peut entendre ſans douleur? Ie me ſuis arreſté aux plus communes de la vie, & qui ſont ordinaires à toutes les Femmes; mais le temps viendra qui leur ſeruira de preuue & de juge, & qui fera dire à pluſieurs ce que le Sauueur disoit dans l'Euangile. Bien-heureuses sont les steriles & les ventres qui n'ont point porté. Pauures Femmes il faut que ie vous plaigne vne fois, & que ie vous die que vous prenés beaucoup de soin pour complaire aux hommes, & que vous aués fort peu de succés. Ie suis raui que vous aymiés vos maris, mais il me fâche que vous soyés leurs esclaues, & que vous employés de mauuais moyens à les conseruer, sçaues vous bien que vous estes les Dames & les maitresses de vos maisons : auec cela il y à de pauures filles qui suiuent vos queües qui vous passent de beaucoup ; vous estes plus braues, mais elles sont plus heureuses. Pourquoy cherchés vous des fards & des couleurs pour changer vostre visage ?

Vous aués tort de faire paraitre le iugement que vous portés contre vous mesmes, & vous offensés la nature, de vous gaster, comme vous faites, dans la plus honorable partie de vostre chair. Si vous estes belles, vous ne deuez pas vous cacher, & si vous ne l'estes pas, l'artifice est inutil. Croiés-moy, vos maris vous sont naturellement assés acquis, & les amys vous sont deffendus. Celuy que vous pensiés entretenir à vostre seruice, à esté dégouté par vostre affectation; quand il vous à veu si parées, il a crû que vous estiés laides; ou pour vous le dire plus franchement, il a appris de vous le moyen de plaire à vne aultre. Vous dites que l'adultere est si enorme, & vous le commetés tous les jours sur vous. Ie ne vous flatte point, il y a quelque ſorte d'impudicité dans vos afteteries & ie l'eſtime d'autant plus honteuſe, qu'elle eſt directement contre la nature, qui merite plus de reſpect que la Chaſteté, vos robes, vos coliers, vos pendans d'oreilles & vos perles, ſont veritablement des ornemens, mais ce ne ſont pas des graces ; ils ſeruent pluſtoſt à vous transformer qu'à vous embellir. C'eſt pourquoy ſi vous ne pouués plaire ſans cela, il faut que vous confeſſiés, ou que les hommes ſont bien peu raiſonnables de faire l'amour à voſtre ſatin, ou que vous eſtes bien malheureuſes de ne pouuoir eſtre aymées pour vous meſmes.

CHAP. VI.

Le Bon-heur des Vierges.

O Sainctes Vierges, mes cheres filles, ie parle maintenant à vous, & ie vous dy hautement & de bon cœur, que vous estes bien heureuses; d'estre exemptes de tous les Martyres de vostre sexe, du soin des aiustemens, de la seruitude aux complaisances, de l'inquietude à vous conseruer. A mon gré il n'y à point de plus honnestes couleurs que celles de la honte qui vous couure; ny de plus bel ornement que la Chasteté. I'ayme bien à vous voir vn peu negligentes pour ce qui touche voſtre corps, mais ie deſire que vous ſoiés fort ſoigneuſes à parer voſtre ame, & voſtre eſprit. Cherchés les contentemens qui durent, & la beauté qui ne paſſe point. Prenés voſtre eſpoux pour voſtre miroir, & croyés que vous eſtes agreables ſi vous luy plaiſés. Vous n'aués rien à corriger ſur ce que la nature vous à donné, puiſque tous les yeux & tous les hommes vous ſont également indifferens. Au nom de Dieu vous eſtes gueries de beaucoup d'incommodités, de la maladie de neuf mois, de la peine d'eſtre meres, de la crainte des enfans, & de tout ce qui ſuit le mariage; neantmoins vous eſtes fœcondes, & ie vous puis dire ſans vous offenſer que beaucoup de gens vous appartiennent; vous n'aués point de poſterité, mais vous auez des heritiers : en cela vous eſtes ſemblables à l'Egliſe qui poſſede tout enſemble & les excellences des Vierges, & les auantages des meres; qui eſt parfaitement immaculée & parfaitement fœconde. Miracle, mes filles, c'eſt vne Vierge qui nous conçoit, par l'attouchement Sacré du Sainct Eſprit; c'eſt vne Vierge qui nous enfante ſans douleur, & qui fait chanter tous les Anges à ſes couches, c'eſt vne Vierge qui à du lait, & qui nous nourrit comme l'Apoſtre ſainct Paul nourriſſoit les jeunes Chreſtiens, d'vne viande proportionnée à noſtre delicateſſe. Dites moy s'il eſt quelque fille plus honnorable, que celle dont toutes les productions ſont des graces, & s'il eſt quelque mere plus abondante que celle qui à autant d'enfans que IESVS-CHRIST? l'Ecriture regardoit sa fœcondité quand elle disoit en quelque endroit, que la delaissée auroit plus d'enfans que la femme auec son mari. Le mari des ames & de l'Eglise c'est le Sauueur du mõde; dãs ce mariage toutes les reigles de l'amitié y sõt parfaitemẽt obseruées, il y à des plaisirs, il ya des fruits, mais la fleur demeure. Ie voudrois que les parẽs fissẽt icy vne petite reflexiõ pour leur proffit, & qu'ils considerassent combien c'est vn grand bon-heur de posseder des filles qui rachetent leurs pechés. Ie n'adjouste point à la verité, vne Vierge est vn don de Dieu, vn present du Ciel, vne offrande à la Chasteté. Vne Vierge est comme vne victime entre les mains de sa mere, & vn Sacrifice pour appaiſer Dieu. Vne Vierge eſt le plus beau gage que puiſſent auoir les parens. Il n'y à point de parti qui ſollicite & qui menace de l'emporter ſon âge ne preſſe jamais, ſon honneur eſt aſſuré. Ouy, mais ſon pere à quelque deſſein de la pouruoir, & abſolument il ayme mieux la voir aduancée dans le monde que deſſous vn voile. Et moy ie n'ay pas deſſein de l'en detourner; ſeulement ie le coniure de penſer à ce qu'il fait. Premierement il ne peut acquerir vn gendre qu'auec la perte de ſa fille. Secondement il fait vn mauuais échange de donner des poſſeſſions & des biens certains pour des eſperãces. Apres il faut qu'il ſe dépoüille d'vne partie de ce qu'il à, & qu'il s'épuiſe: s'il n'acquitte les obligations du concract, s'il ne couche tout content, il doit attendre vn procés pour premiere reconnaissance. On l'ayme bien, c'est pourquoy on luy souhaitte bien tost le Paradis, & s'il vit long temps, il ennuie: cela s'appelle acheter vn gendre, vendre sa fille, donner sõ biẽ & se faire esclaue; est-ce la le fruit de toutes les peines qu'elle a autrefois dõnée a ses parens? A elle tant cousté a vne mere pour appartenir enfin a vn estrãger! On dira que je m'interesse pour la continence & que je refroidis les mariages: helas mes filles ce n'est point mon naturel de blâmer de bouche ce que j'approuue dans mon cœur; saint Paul est mon maistre, je ne dis rien ni pour les filles ni contre les nopces, sinon ce que j'ay appris de ce grand Docteur: j'honnore les femmes qui sont plus vertueuses que les Vierges, comme Sara, Rebecca, & Rachel, & je prens ches elles & dans leur conduite l'idée & le modele des vertus, je croy que les amitiés conjugales sont aussi Saintes que la nature, & que c'est vn Ordre parfaitement bien établi. Ie dy fort serieusement, ce que les bouffons de ce siecle disent quelque-fois par raillerié, que le monde ne peut estre autrement conserué si Dieu ne change de conseil; je trouue que ceux qui louënt l'obeissance d'Isaac, doiuent approuuer sa naissance, & que ceux qui sont rauis des visions de Iacob, ne doiüent point trouuer mauuais qu'il soit sorti d'vne femme. Ie conclus en vn mot que tous les ennemis du mariage sont en colere contre leur mere, & qu'ils ne meritent point de viure puis qu'il leur fâche d'estre nés. Mais tous ces reſpects ne m'obligent point a mentir ny à refuſer la premiere place à celle de ces deux conditions qui l'a merite ie ne rougis point de vous dire, que tout le monde peut eſtre marié ſans miracle, mais que perſonne ne peut eſtre Vierge ſans faueur, je faisla comparaiſō de ces deux biens, pour les connaitre plus exactement; je n'oſte rien a celuy qui ſemble le plus grand, pour donner à celuy qui paroiſt le moins : je leur laiſſe franchement tout ce qu'ils ont de force & de bonté ; mais je taſche de vous montrer & de vous faire aymer le plus aymable, & je luy donne tous les degrés & toutes les eleuations que je puis. Au reſte je n'auance rien de nouueau a ceux qui croient, & qui ſçauent que le ſaint Eſprit m'a préuenu

préuenu il y a long temps, quand il a dit par la bouche du plus ſage de tous les hommes, que la ſterilité de vertu & d'Election eſt meilleure que la fecondité.

CHAP. VII.

Les qualités de l'eſpoux des Vierges.

ET d'abord il faut neceſſairement que les filles du monde le quittent aux Vierges au premier chef, & qu'elles m'aduoüent qu'elles ſont ou bien mal-heureuſes, ou bien mal-adroites, d'épouſer ſi ſouuent des maſques, apres tous les ſoings qu'elles prennent pour rencontrer de beaux maris: Les Vierges ſont exemptes de cette diſgrace, pource que leur eſpoux eſt celuy qui eſt appellé par le Prophete, le plus beau de tous les hommes. Qui eſt cét eſpoux? Ce n'eſt point vn courtiſan paſſionné qui ſe met à genoux deuant vne femme, qui charme & qui trompe, ce n'eſt point vn ſuffiſant qui ſe pique d'auoir du bien, & qui meurt de faim: c'eſt IESVS-CHRIST, luy meſme, duquel il eſt eſcrit, que ſon thrône eſt éternel, & que les filles des Roys ſont ſes ſeruantes; que la Reyne eſt aſſiſe à ſa droite, parée d'vn habit brodé d'or. Eſcoutés donc, ma chere fille, voyés, & oubliés voſtre peuple, & la maiſon de voſtre pere, parce que le Roy, qui eſt voſtre Dieu, eſt amoureux de vostre beauté. Remarqués tous les auantages, que le Sainct Esprit vous fait ; il vous promet vn Royaume, il vous promet des richesses, il vous promet des appas : c'est assés pour contenter vne fille. Il vous promet vn Royaume, pource que vous rencontrés vn espoux qui est infini, & pource que vous estes la maistresse chés vous, & qu'ayant renoncé à tous vos plaisirs, vous estes libre & asseurée. Il vous promet de grandes richesses, c'est à dire que l'amour diuin vous enrichira, & vous purifira, comme le feu nettoye l'argent, & que vous croistrés en sainteté à mesure que vous garderés la Virginité: Enfin il vous promet, ce que les filles ayment tant, la bonne mine & l'attrait, qui sera si grand que vostre Roy en sera blessé, vostre Iuge en sera gagné : vostre maistre en sera jaloux, vostre Dieu le consacrera : vous serés tousiours épouse, & tousiours Vierge, sans que l'amour vous oste la honte, ou que la honte empéche l'amour. Sans doute qu'il n'y à point de beauté comparable à celle-là, & qu'il n'y à qu'elle à qui l'espoux dise aux Cantiques, Vous estes toute belle, ma bien aymée, & vous n'auéz point de tâches ; Venés du mont Liban, venés du mont Liban, & vous serés couronnée: descendés du sommet de la montagne d'Amana, de Sanir & d'Hermon, passés par celle des Leopards, & par les repaires des Lions, qui sont autant de pas, & autant de marques qu'vne beauté consacrée est irreprehensible, & qu'ayant vne fois jouy du bien aymé, elle a acquis des forces pour resister courageusement aux attaques des creatures. Mais l'époux adiouste : l'odeur de vos habits surpasse tous les parfums : & plus bas, l'odeur de vos habits est comme l'odeur de l'encens. Ma fille ie vous prie de considerer vos auantages, la premiere odeur qui sort de vous, est sans comparaison plus douce que le parfum. Ie me souuiens de ceux qui furent employés à la sepulture du Sauueur, & ie m'imagine que vous estes morte auec luy, & que desormais vostre corps ne sent plus rien que le Paradis : l'autre odeur que vous jettés est comme l'odeur de l'encens ; ie me represente la resurrection du maistre, & ie dits à ma chere fille, que la Virginité est vne image de ce bel estat, que la mort ny la pourriture ne peuuent alterer. Il ne vous reste plus rien sinon que vous portiés vn rayon de miel, non seulement sur vos leures, comme l'espouse: mais encore en toutes vos œuures, le miel me fait souuenir des Abeilles, & ie m'en resiouis; pource qu'entre elles & les Vierges la comparaison est assez bonne. L'Abeille est extremement laborieuse, l'Abeille est extremement Chaste, l'Abeille est extremement abstinente; la Vierge à tout cela. l'Abeille se nourrit de la rosée qui tombe du Ciel, l'Abeille engendre sans contentement & sans compagnie, l'Abeille passe sa vie à cueillir du miel, la Vierge à tout cela. Sa rosée c'est la parole de Dieu, que ie compare aux écoulemens de l'air: ses ioyes & ses consolations sont toutes d'eſprit : ſon plaiſir eſt la même choſe que ſon honneur ; ſes enfantemens, (pour ainſi dire) ſont toutes ſes peines, mais pource qu'elle à du courage, & que les douleurs ſont douces dans l'amour, auſſi tout ce qu'elle ſouffre luy ſemble agreable, ſes proffits reſſemblent à ſes peines, tout eſt commun. Ma fille, ma tres chere fille, il faut que vous imities cette petite creature, qui à touſiours des fleurs dans la bouche, qu'elle ſuce & ſepare; encore vne fois ma tres chere fille, ſi vous me voulés plaire imités-là ; que vos paroles ſoyent ſans aucune compoſition & ſans feinte, que voſtre langue & voſtre cœur ſoient bien d'accord ; ſoyés ſimple, ſoyés ſerieuſe, Et puiſque vous voulez eſtre ſterile ſelon la chair, pour l'amour de Dieu faites l'aumône : Car helas nous auons besoin de bons amys auprés de Dieu , & nous ne sçauons pas quand nous sortirons d'icy , nous sommes seulement fort asseurez , qu'aprés la mort, nous allons trouuer vn monde nouueau , tous nuds & tous seuls , & que les commodités de la vie ne nous suiuront pas. C'est pourquoy ie ne veux point que vous soyez riche , si vous n'estes liberale , & si vous ne faites part de vos richesses à ceux qui sont autant que vous par nature , quoy qu'ils soyent au dessous par disgrace. Aprés tout , ma tres chere fille , prenez la peine de vous distraire, & cueillez vn petit bouquet, mais ie vous prie de l'ajuster à ma façon : les fleurs du temps ne me plaisent point , pource qu'elles passent ; trouuez moy celle qui eſt recommandée dans le Cantique, & qui eſt appellée la fleur de la campagne; cherchez moy le Lys des Valleés, ajouſtez y vne petite branche d'epine: & puis dites à tout le monde, que la Sainteté reſſemble à voſtre ouurage, & qu'on ne l'a peut approcher ſans ſe piquer. Mais pour reüſſir au deſſein que ie vous recommande il faut des aiſles, il faut de l'eſprit, il ne faut point d'imperfection, il faut atteindre iuſques au Sauueur, c'eſt à dire qu'il faut monter & meſurer les Cedres du mont Liban, depuis leurs racines qui ſont tres profondes dans la terre, juſques à leurs teſtes qui ſe cachent dans le Ciel. Ne perdez point courage, mais cherchez bien: & quand vous aurez trouué cette belle fleur, qui eſt la plus commune & la plus rare, ſerrez-là s'il vous plaiſt dans voſtre ſein, & couurés l'a d'humilité. On dit qu'il s'en trouue dans les jardins, & que ce fut là ou Suſanne la cueillit en ſe promenant: d'où vient que les Vieillars l'a trouuent ſi ferme, & qu'elle ayme mieux leur abandonner ſa vie, que de leur donner ſon honneur. L'époux vous explique ſagement, ce que ie vous cache, quand il dit au Cantique des Cantiques. Ma ſœur mon épouſe eſt vn jardin fermé, & vne fontaine ſcellée: Ce ſeau eſt myſterieux, & pour moy ie penſe que c'eſt l'image de IESVS-CHRIST que toutes les Vierges portent ſur leur chair. Les Serpens & les ennemis de la Chaſteté n'oſent approcher, quand ils la voyent: c'eſt pourquoy les fleurs du jardin ſont gardées, les parterres ſont conſeruez , l'eau de la fontaine ne ſe gaſte point ; Et ce n'eſt pas merueille ſi l'on trouue de bonnes plantes dans vn lieu entretenu auec tant de ſoings, & d'ailleurs ſi parfaitement deffendu ; ce n'eſt pas merueille ſi la vigne de la Religion y croit, ſi l'Oliue de la paix y fleurit, ſi les roſes de la pudicité y rougiſſent , & ſi toutes les vertus y embaument l'air. En verité l'odeur de Iacob n'eſtoit point ſi douce que celle-cy ; & quoy que ce fut vn Iardin de Patriarche , & qu'il comprit beaucoup plus de terre, ie croy qu'il auoit moins de benedictions, & qu'il n'auoit pas tant de fruits. Or ſus ma fille, prenez s'il vous plaiſt cette chere peine, & trauaillez à ce que voſtre champ ſoit bien gardé : Mettez vne ſentinelle à voſtre bouche & faites vne porte, & vne circonualation à vos leures, & dites amoureuſement auec l'épouſe; mon bien aymé à autant d'auantage ſur le reſte des hommes que le Pomier ſur les arbres des Foreſts. Ie me ſuis aſſiſe à l'ombre de celuy que i'ay ſouhaitté, & ſon fruit eſt doux à ma bouche; j'ay trouué celuy que mon cœur ayme, & ie ne le quitteray point; que mon bien aymé viſite mon jardin & qu'il tâte du fruit de ſes pomes; Venez mon amy ſortons aux champs, mettez moy comme vn cachet ſur voſtre cœur, & comme vn ſceau ſur voſtre bras; Mon bien aymé eſt blanc & vermeil. Ie vous faits ſon pourtrait tout entier, pource qu'il importe que vous connoiſſiez pleinement celuy que vous aymez, & que vous ſçachiez ce qu'il vaut en qualité de maistre, & en qualité de seruiteur : l'epouse luy donne deux couleurs, qui representent les deux natures : il est blanc, ce dit elle, pource que c'est la splendeur du Pere : il est vermeil, pource qu'il est issu des entrailles de la Virginité, souuenez vous toutes-fois que cela s'entend seulement à l'esgard de son humanité ; Car il estoit Dieu auant que de naistre parmy nous : c'est à dire qu'il n'a pas commencé d'estre, en ce faisant homme ; mais que celuy qui estoit de toute éternité a voulu descendre dans vne Vierge pour y prendre nostre nature. Ce premier estat est si haut, qu'il le met dans vn rang de gloire & de majesté inconceuables ; le second le rend entierement semblable à nous ; jusques a souffrir les outrages des Soldats : jusques à estre crucifié entre deux larrõs jusques à receuoir vn coup de lance, jusques à mourir, pour nous faire viure? O Ma fille ie n'ay plus rien à vous dire de vostre époux, sinon qu'il est le plus beau & le plus sociable de tous les hommes ; si vous auez le sentiment bon, ie croy que vous l'entendez bien qu'il vous parle, & qu'il vous répond comme au Cantique des Cantiques, qu'il est bien content de descendre dans son Iardin, mais qu'il veut que tous les vents y entrent auec luy, & qu'ils soufflent sur les arbres & sur les fleurs, affin qu'on les sente; pour vous témoigner que l'odeur de la Virginité luy attire des épouses de toutes les parties du monde, depuis que sa chair a santifié & reformé la nostre. Il adjouste cette loüange d'amitié prise du Cantique, que vous estes douce, que vous estes belle, comme Ierusalem, il ne vous flatte point: mais il vous conseille de mespriser le visage, & de pretendre à la beauté d'vne reputation solide, & d'vne Sainteté qui se soutient contre toutes les années, & qui ne se perd point dans vne fieure. Il vous prie de croire, que puis que vous viuez dans le Ciel, tout ce qui est sur la terre est trop bas pour vous: Il vous commande comme maistre déxecuter ses paroles, & il vous dit comme Epoux; Mettez moy sur vostre cœur & sur vostre bras, comme vn seau, & comme vn cachet; tâchez en toutes vos actions & en toutes vos affections de me ressembler, & de m'exprimer comme ie ressemble à mon Pere: En fin il vous aduertit auec ſon Apoſtre que vous eſtes marquée de l'eſprit de Dieu, & que vous portez l'image de la Trinité; Mais il conclud qu'ayant beaucoup receu, vous auez beaucoup à conſeruer, que vous preniez garde ſoigneuſement, qu'vn caractere ſi diuin ne ſoit effacé par voſtre malice ou couuert de voſtre peché.

CHAP.

CHAP. VIII.

Combien les Vierges sont cheres à l'Eglise, & l'assistance particuliere qu'elles reçoiuent des Anges.

SVR quoy, mes tres Cheres filles, il faut bien que je vous exprime ma joye, & que je vous declare que Dieu merci, je ne crains rien pour vous dans la connaissance que j'ay, que nostre mere la Sainte Eglise vous assiste de tout son pouuoir, & que tandis qu'elle vous cache dans son sein, elle vous fait vn rampar de son corps pour arrester vos ennemis, suiuant ce que nous lisons dans vn Prophete, que la paix soit faite dans vostre vertu & l'abondance dans vos forteresses, d'ailleurs je sçay bien que le maistre de la paix vostre cher époux vous veille particulierement, & que depuis qu'il vous à serrées de ce nœud que vous sçauez bien, & qu'il a veu la premiere monstre de vos fruits, c'est adire vos promesses, il vous a donné ses yeux pour vostre Soleil, & qu'à mesure qu'il vous regarde, il repand sur vous vn temperament delicat, qui sert à raffraichir les jeunes plantes, & à corriger le mauuais air. Il le dit luy mesme, dans vne metaphore qui ressemble à celle-cy; Ma Vigne est deuant moy, & ceux qui gardent son fruit sont au nombre de douze cent; il auoit dit auparauant qu'ils estoient soixante, tous gendarmes & adroits, maintenant il les fait monter iusques au nombre de douze cēs, pource qu'on double les gardes quand les fruits se multiplient, & que les deffences doiuent croistre à proportion de la Sainteté. En cette sorte, le Prophete Elizée fit paraitre à son seruiteur, qu'il auoit des regimens entiers à sa deuotion ; & Dieu fit connaitre à son Capitaine Iosué, que celuy qui le seruoit à la bataille, & qui conduisoit ses troupes, estoit vn grand Prince du Ciel. Or il semble fort raisonnable, que ceux qui sont compagnons de nos Victoires, soyent les protecteurs de nos biens. Et pour vous mes filles qui auez vn office dans la Chambre du Roy des Roys, & qui auez l'honneur de garder son lit, ie ne doute pas que vous n'ayez des Anges choisis pour vous assister, & qu'effectiuement ils ne veillent sur vous, auec plus de soin que vous n'en apportez à leur plaire. Vous dirai-je que Dieu le doit; ou que vous le meritez; & que c'est vne joye nompareille à des Esprits purs de garder des corps qui leur ressemblent. I'ajouste que la Chasteté fait les Anges, & que celuy qui la conserue à quelque chose au dessus de l'humain, & que celuy qui la perd ne vaut gueres mieux qu'vn demon. La Religion mesme emprũte d'elle sa premiere qualité; car en effet la Religion Chrestienne, qui est la vraye, & la nostre, qui n'a qu'vn époux & qu'vn Dieu, est appellée Vierge par excellence, où celle des payens qui à multiplié ses Dieux à sa fantaisie, eſt priſe à bon droit pour vne échapée, & pour vne femme à pluſieurs maris. Pour concluſion vous eſtes veritablement reſuſcitées, auant que vous ſoyes mortes; eſcoutéz le Maiſtre; apres la Reſurrection, ce dit il, on ne ſe marira plus, on ne cherchera plus de femmes, on n'en prendra plus; mais tous les hommes & toutes les femmes ſeront comme les Anges dans le Ciel: Voyez vous, mes filles, vous poſſedez deſia tout ce qu'on promet aux autres; tellement que vous eſtes bien-heureuſes par aduance; vous eſtes du monde & n'eſtes pas dans le monde, vous eſtes filles de noſtre race & de noſtre ſang, mais le ſiecle qui vous a porté n'a pas merité de vous conſeruer. Qu'elle merueille que les Vierges soient plus sages que les premiers Anges, & qu'elles emportent par leur vertu, la place & le rang de ces esprits apostats qui se sont débauchez dans le Ciel. Heureuses filles qui n'auez presque plus de corps, & qui ne sçauez pas qu'il y ayt d'autres plaisirs au monde que ceux de l'Esprit. Heureuses filles qui faites bonne chere quand vous jeunez, & qui trouuez dans l'abstinence tous les rauissemens du festin: vous n'auéz garde d'estre sensuelles, puisque vous n'estes point delicates, ny de commettre le mal, puisque vous esteignés toutes les amorces. L'Occasion fait le peché, & nous pouuons dire qu'il y à beaucoup d'innocens qui seroient méchans s'ils estoient tentez. Le peuple de Dieu apprit l'idolatrerie dans le banquet: Loth apres auoir beu sur la montagne ou il s'estoit retiré, commit vne action auec ses filles que ie n'oserois nommer, escriuant aux Vierges. Noë estant tombé dans le mesme excés, & s'estant endormi en assés mauuaise posture, fut moqué par l'vn de ses enfans & couuert par l'autre; on vit lors vne chose estrange, vn homme sauué de toutes les eaux du deluge, noyé dans vn peu de Vin. Apres tout cela ce n'est pas vn petit bon-heur pour les Vierges, qu'elles ne soient pas malades de cette faim commune, qui seche tant d'auaricieux. Ce qu'elles possedent est au premier qui leur demande, & ce qu'elles amassent fait vn fond d'aumône pour les pauures. Ie suis rauy de leur voir vſer leurs mains à trauailler pour ce ſujet, & de leur entendre dire, qu'elles ſont bien riches quand elles ont dequoy donner.

CHAP. IX.

Comparaiſon des Vierges auec celles qui Prétendent au mariage.

ONSIDEREZ maintenant, ma tres chere ſœur, de combien d'incommoditez vous eſtes exempte : car c'eſt l'inſtruction que vous pouuez attendre raiſonnablement de moy, & ie ne pretens point vous en donner d'autre, ſçachant bien que vous connoiſſés tout voſtre deuoir , & que la vertu conſommée n'a plus beſoin de maiſtre. Mais conſiderés , ie vous prie , combien il faut qu'vne fille eſſuye de peine quand elle veut plaire : A la voir ſous tant de parures & dans la magnificence de tant d'habits , ne diriez vous pas que c'eſt la pompe des grans jours, & la proceſſion qui marche? Ie veux croire qu'elle n'a pas de plus mauuais deſſein que de donner dans les yeux des hommes , mais la pauure fille, ne ſçait pas qu'il luy reuſſit fort mal, & qu'on ſoupçonne quelquefois qu'il y a moins de merite ou l'on apporte trop de façon : Et c'eſt l'auantage des Vierges qui n'ajouſtent point d'artifice à ce que la nature leur a donné, & à qui la beauté ne couſte rien. Ie plains ces premieres , quand ie voy leurs oreilles déchirées de leurs pendans , & leur testes accablées de leurs coiffures : Elles se tüent pour donner de la reputation à l'or, & pour faire paraitre des perles. Vne chaisne dans leur col, vne chaussure dans leur pieds qui les serre plus estroitement que les fers : sont elles libres auec cela ? Il n'importe pas de qu'elle etoffe on soit lié pourueu qu'on soit pris : on fait des chaisnes de toute sorte de metaux, & celles qui sont d'or n'empéchent point qu'on ne soit esclaue, si elles ostent la liberté. Ie trouue mesme, que nos Dames sont plus miserables que nos prisonniers, pource que ceux cy sont arrestés par la crainte, & souhaiteroient de bon cœur qu'on les élargit, celles-là se sont condamnées par inclination à ce qu'elles ſouffrent, & de peur que la ſeruitude ne leur échape, elles l'entretiennent. Que dites vous de celles qui ſont deſia meures pour le mariage, & qu'on oblige de traffiquer de leur corps comme de leurs biens, & de le donner à celuy qui en offre dauantage? Pour moy il me ſemble que c'eſt vn abbaiſſement, & vne peine qui ne ſe trouue pas dans les eſclaues, qui peuuent choiſir des maiſtres, comme il leur plaiſt, encores qu'ils ne puiſſent diſpoſer d'aucune partie de leur liberté, & qu'ils ſoient forcés à l'obeiſſance. Voicy vn autre inconuenient, ſi vne fille pourſuit de ſa part, on dit qu'elle eſt trop hardie pour vne fille; ſi elle recule, on dit qu'il y à donc quelque choſe, que tout le monde ne ſçait pas. En voicy vn autre, ſi vne fille à de la beauté, elle eſt combattuë à la fois de deux paſſions tres violentes, du deſir de ſe monſtrer, affin de ſe vendre plus cherement, & de la crainte de paraitre, de peur qu'on ne diſe d'elle, ce qu'on dit aiſement des belles; qu'elle ſe promene & qu'elle cherche. En voicy vn troiſieſme. Si vne fille à beaucoup de pretentions & d'eſperances, elles ſont meſlées d'autant d'illuſions, il faut au moins qu'elle ſoit quelquefois trompée, & qu'elle ayt peur de ce qu'elle eſpere. On craint les pauures, on ſe défie des riches, on apprehende les beaux, on redoute les grans & les gentilshommes: les pauures, pource qu'il n'y à point d'honneur à les épouſer, les riches pource qu'ordinairement ils ſont rudes, les beaux, pource qu'ils ſont tendres aux amitiez eſtrangeres: les nobles, pource qu'ils ſont glorieux & inſolens. Vous me direz, que ie préche tous les jours la Virginité, & que vous m'y aidez paſſionnément, mais que tous deux enſemble nous ne faiſons pas de grans effets: à qui tient il? Neantmoins il me ſemble que les Damoiſelles de Plaiſance, & les filles de Boulogne, & les Mores meſmes en font leur proffit: & qu'elles viennent icy en troupe pour eſtre conſacrées à Dieu. Helas ie ſuis donc de ces malheureux Orateurs, qui ne ſont point eſcoutez ou ils parlent, & qui perſuadent à cent lieuës d'eux; puiſqu'il eſt ainſi, il faut que ie quitte Milan, affin qu'on m'y croye quand on ne m'y verra plus.

Quoy? Ceux qui ſont eſloignés me tendent les mains, & ceux qui ſont preſens me reſiſtent? Ie m'en plains apres de bonnes inſtructions; car ie connois des filles qui bruſlent de mon deſir, & des meres qui les arreſtent, & qui les cachent comme ſi ie les voulois dérober; & ce ſont des veuues à qui ie parle. Mes Dames ſi vos enfans auoient de l'inclination pour les creatures, & qu'ils fuſſent pourſuiuis & recherchées par des hommes, la Loy de l'Empire leur permettroit de les prendre s'ils leur plaiſoient: Et vous ne voulez pas qu'ils vſent de leur liberté au choix du meilleur, & vous leur declarez qu'ils vous offenſent quand ils aſpirent à IESVS-CHRIST, au moins laiſſez vous toucher par l'exemple des Barbares: & conſiderez les Mores qui sont plus deuotes & plus sensibles que vous: elles ont perdu leur liberté & font triompher leur corps; N'ayans plus rien ny dans leur Villes, ny dans leurs familles, ny dans leur particulier, qui n'appartienne au maistre qui les à vaincu; elles ont conserué cét auantage par le moyen de la continence, de pouuoir disposer de leur honneur. Ie ne parle point des Boulonnoises qui font vne bande à part, & qui viuent fort sagement auec beaucoup de reputation Leur demeure est le Temple de la vertu; il n'y à point d'hommes (comme il n'en faut pas) neantmoins elles sont toujours en fort bõne compagnie. Le nombre est de vingt personnes seulement, mais le proffit qu'elles font passe le centuple. Leurs parens ne sont plus de leurs ſoings, depuis qu'elles ont choiſi IESVS-CHRIST, ce ſont de bonnes filles, non ce ſont de braues Soldats qui ont donné leur vie, leur corps, & leur ſang à l'Epoux. Quelquefois elles prient, quelquefois elles chantent des Hymnes & des Cantiques Spirituels, quelquefois elles trauaillent pour les pauures, quelquefois pour elles. Que ſi elles découurent qu'il y ayt quelque bon deſſein qui fleuriſſe à l'eſcart, quelque fille qui ſoit bonne & qui ſe cache (car elles ſont tres ſenſibles à cette bonne odeur) elles vont trouuer la proye iuſques dans le giſte, & apres l'auoir eſmeuë & flattée en toutes les façons imaginables, elles ne ceſſent de l'importuner, iuſques à ce qu'elle ſe jette d'elle-meſme dedans

dedans leur filet, & qu'elle ſe rende pour viure auec elles ! O mon Dieu que c'eſt vn grand bien quand la Virginité eſt fauoriſée par l'ayde de ceux qui y peuuent tout, & que le premier feu de la Ieuneſſe eſt employé dans la Chaſteté ? Vous dites que vos parens ne vous donneront rien ! Helas ma fille vous aués vn Eſpoux qui eſt aſſez riche, & ſi vous connaiſſez ſes Threſors, vous pouuez quitter les voſtres ſans regret. Mais quoy, il n'eſt point de Pere ſi Barbare qui deſherite vne fille pource qu'elle ayme l'honneur, & qui ſe cabre de ce qu'elle eſt ſage ; quand cela ſeroit vous auez dequoy vous conſoler ſur l'aſſurance que ie vous donne, qu'il n'y a point de plus beau douaire qu'vne pauure Chaſteté. Vos parens ne s'opposent point à Dieu; mais à vous : ils ne quitteront point, si vous ne les emportez de resolution. La premiere resistance qu'ils vous ont faite, c'est qu'ils craignoiẽt de vous croire; apres cela, voyans que vous estiez ferme dans vostre dessein, que vous parliez tout de bon, ils ont fait mine de se fascher contre vous, pour vous échauffer dauãtage. En suitte ils vous ont menacée, de vous oublier de vous abandonner, & de vous perdre, pour reconnaitre combien il vous coutera à quiter le monde. Enfin au dernier effort ils ont employé la tendresse & l'amour, à dessein de voir si vous estes morte aux plaisirs, & ce qui vous reste de passion & de sentiment. Ma tres chere fille, on vous exerce, quand on vous tente, & ce sont là les préludes de vos combats, qui ſont d'autant plus faſcheux en ce point, qu'ils ſont ſoutenus par la main de ceux qui ſont tous puiſſans ſur la nature. C'eſt pourquoy ſi vous deſirez la Victoire, gagnez vos parens; & ſçachez que quand vous aurez defait ce grand parti d'ennemis qui ſont de voſtre maiſon, vous n'auez plus rien ſur la terre qui ne ſoit plus foible que vous. Sur tout ne balancez point pour vos heritages: d'autant que celuy qui en proffitera ſera le plus malheureux & le plus pauure, & celuy qui les abandonnera ſera remplacé d'vne éternité de bonheur. Bien plus ſelon le ſens & la lettre de l'Euangile, tous ceux qui renoncent à leurs parens, à leurs maiſons, à leurs freres, à leurs femmes, ou à leurs enfans, ont promeſſe du centuple dés cette vie, & de la vie éternelle apres la mort. Fiez vous donc entierement à Dieu, de tout vostre cœur, infiniment; & puis que vous estimés que l'argent mis entre les mains d'vn honneste homme, est bien assuré, croyez qu'il l'est encore dauantage entre les siennes : En vn mot souuenez vous que vous aués affaire à la verité mesme, qui ne peut mentir : à la iustice de Dieu qui sçait bien recompenser ceux qui le seruent : & à sa vertu qui est aussi grande que sa volonté. Mais au reste si vous n'estes persuadée par la raison & par l'Oracle. Laissez vous du moins persuader par ce bel exemple qui est arriué de nos jours. Vne fille de condition dans le monde, & beaucoup plus considerable deuant Dieu, voyant que ses parens la pressoient de se marier, & craignant la force, elle s'enfuit dans l'Eglise, c'estoit vn trait d'Esprit de vouloir Sauuer sa honte, où l'on offre tous les jours le Sacrifice de la Virginité; mais c'estoit, à mon aduis, estre bien hardy & bien temeraire, que de l'importuner iusques dans ce sainct lieu, cette pauure brebis s'estoit serrée tout proche du Prestre, luy prenant quelquefois la main, & le priant de se haster & de la consacrer; quelquefois elle cachoit sa teste sous l'Autel, pour témoigner qu'elle desiroit beaucoup & qu'elle craignoit; tantost portant ses yeux ou estoient ses apprehensions & ceux qui l'importunoient. Ma mere disoit elle, voicy l'endroit ou l'on consacre tous les voiles, & pour les Vierges & pour les nouuelles Epouſes ; obligez moy de me laiſſer ma liberté, & de croire qu'il n'y en à point de plus ſeant à ma teſte que celuy qui touche le corps & le ſang de IESVS-CHRIST. Et vous Meſſieurs qui eſtes à la verité mes plus proches ſelon la natu-re, & mes plus grans ennemis ſelon la grace, pour l'amour de Dieu ne me parlez plus d'eſtre mariée ; car il y à long temps que ie la ſuis : & quoy que ie n'aye pas la moitié de voſtre eſ-prit, j'oſe bien vous dire que ie ſuis plus adroite que vous, & plus heureuſe que vous ne pou-uez me rendre. Donnés toutes les qualites & toutes les condi-tions que vous voudrez à vos pretendans, exagerez leur fortu-ne autant qu'il vous plaira, van-tez leur puiſſance & leur no-bleſſe ; apres tout celuy que j'ay choisi est infiniment plus riche, plus puissant, & plus noble; c'est le Maistre des Roys & des Anges, & quoy que ie ne luy presente qu'vne pourriture & vne ame tachée de crimes, il ne laisse pas de me donner pour douaire le Ciel & la terre auec tout ce qu'il est. Au reste ie ne suis point si entiere dans mon opinion que ie n'en change volontiers, si vous pouuez me proposer quelqu'vn qui approche de la grandeur & de la liberalité de mon Espoux : mais aussi ie ne suis pas aueugle , & ie voy bien que vous estes jaloux de mon bon-heur , puisque vous m'offrés de moindres partis. Comme elle discouroit de la sorte dans le silence, & l'admiration de tout le monde, vn de ses parens plus estourdy que les autres , luy dit que si son pere viuoit encore il n'auroit pas manqué de la marier sur quoy augmentant son Zele & sa pieté, mon Amy luy respondit elle, sçachez que mon pere est peut-étre mort afin qu'il ne peut apporter d'obstacle à la resolution que j'ay prise de demeurer Vierge. Cette parolle dite du pere, fut vn Oracle & vne Prophetie de la ruine de ce parent trop obstiné, qui mourust peu de temps apres. Les autres craignans que le mesme accident leur arriuast s'ils s'opposoyent dauantage à vne si juste entreprise, commencerent à la fauoriser entierement iusques là qu'ils nosterent aucune chose à cette fille de sa succession, de laquelle elle demeura maistresse aussi bien que de sa Virginité. Mes filles voyla vn exemple d'vn courage & d'vne deuotion consommée priez vos parens de le considerer, & d'en faire leur proffit.

Fin du premier Liure.

LIVRE SECOND DES VIERGES

CHAPITRE PREMIER.

Premiere conduite pour les Vierges sur la vie de noſtre Dame.

'AY parlé au premier liure de l'extraction & de l'excellence des Vierges : & quoy que ie n'aye pas conduit mon ouurage iuſques au dernier point de ſa perfection, ie crois neantmoins que les premiers traits que ie luy ay donné dans l'ébauchement, paroiſſent aſſez doux pour le faire aymer. Maintenant ſi ie m'aſſujetiſſois à l'ordre, il faudroit paſſer à l'inſtruction : & monſtrer aux Vierges vne partie de leur charge & de leur deuoir. Mais pource que ie n'ay point le degré de Maiſtre & de ſcience, qui eſt neceſſaire à ceux qui enſeignent; & que de mon inclination ie ſuis aſſez peu inſtruiſant, ie mets l'exemple en la place du precepte, & ie coniure mes filles, d'apprendre de là à quoy elles ſont obligées, & de reconnaitre en meſme temps la fidelité que ie leur garde, & l'opinion que j'ay de moy. Il eſt vray que cette methode eſt moins raiſonnable que le diſcours, elle a toutefois de fort bons ſuccez dans l'vſage, & nous nous perſuadons aiſément, ſur l'exemple des choſes paſſéez que ce qui a eſté deſia fait, peut eſtre imité, & que la vie de nos peres doit regler la noſtre, qu'on ne diſe donc point que ie ſuis vain, mais que ie ſuis ciuil & officieux, de donner ma peine de ſi bon cœur, & de produire mon ignorance au préjudice de ma reputation; pour ne point manquer au commandement de celles à qui IESVS-CHRIST accorde tout. Peut on croire que j'ay de la preſomption quand ie ſers! Et quand ie rens des témoignages d'affection aux perſonnes que j'honnore? Me doit on blâmer de la peine que jay priſe à parer la Virginité, apres auoir répandu le ſang d'vne fille que iay fait mourir au commencement du premier Liure? Ie laiſſe l'eſchole, la ſeuerité, & les regles à celuy qui voudra faire le Docteur, de moy ie n'ay plus que des fleurs & des loüanges. Mais pource qu'il y en à d'abſentes, qui voudroient proffiter de ce que ie dits, & qui ne me peuuent entendre ſans miracle, j'ay fait ce liure qui ſuppléra, & qui portera mes penſées en tous les endroits du monde ou ie ne ſuis point. Mes filles le tableau que ie vous donne d'abord, vous repreſentera la vie & la Virginité de Marie: c'eſt trop peu de l'appeller vn tableau; ce ſont toutes les vertus aſſemblées dans vn corps, & l'original de l'honneur. Ie vous prie de le receuoir ſelon ſon merite, & de le prendre pour voſtre liure & pour voſtre entretien ordinaire. Il vous dira tous les manquemens que vous auez, il vous monſtrera ou il faut mettre la main & la reforme, il vous marquera ce qui vous pare, & ce qui vous gaſte. On dit, que quand il parait vn bon maiſtre, tout le monde veut eſtre eſcolier; vous auez donc grand ſujet d'eſtre piquées, puiſque ie vous donne la mere de Dieu pour voſtre directrice, & Marie pour voſtre maiſtreſſe; Marie qui eſt la plus noble de toutes les pures creatures: Marie qui à eſté choiſie de Dieu pour le Temple de la Sageſſe: Marie qui s'eſt trouuée mere du Meſſie, & qui à toujours eſté Vierge. Voulés vous que ie paſſe apres cela ſur quelques vnes de ſes perfections? Elle estoit tres pure, non seulement de corps & de cœur, mais aussi en simplicité; qui est vne espece de Virginité Spirituelle, qui apprend à l'ame à ne point corrompre ses pensées, & qui est si rare parmy les filles, que si l'honneur estoit estimé de ce costé-là il n'y en auroit presque point qui fussent Vierges. Apres elle, suit l'humilité qui estoit dans le cœur de Marie, ce qu'vne grande Dame est dans sa maison: mais c'estoit vne humilité conduite, & accompagnée d'vne veritable prudence. La grauité & la douceur composoient toutes ses paroles: qui estoient fort rares, pource que dans la maxime des saints, elles sont fort cheres. Elle aymoit l'estude & les Liures, mais non pas l'argent; c'est pourquoy il n'y auoit

auoit point de pauure dans la ville, qui ne fut le bien reçeu à sa porte, & qui ne pût dispo-ser de ce qu'elle auoit. S'il se falloit employer à quelque cho-se exterieure, c'est[illegible]t sans se diuertir de son objet principal, elle auoit la main à l'ouurage, le cœur dans le Ciel : cela n'em-pechoit pas qu'elle ne fût suffi-samment appliquée, & qu'elle ne trauaillât excellemmẽt. Per-sonne ne se pouuoit plaindre de sa bonté s'il n'estoit aueu-gle ou ingrat ; car elle estoit naturellement bien faisante, & où elle ne pouuoit mettre de bons effets, elle témoignoit au moins de bons desirs : la plus accorte auec ses campagnes, la plus obeïssante aux Femmes d'âge, la plus affectionnée à seruir ; dans vn mépris entier de tous les honneurs du monde, & dans vn ſoing aſſidu de ſatisfaire à ſa conſcience, & de plaire à Dieu. Iamais on n'a veu dans vne fille tant de circonſpection & tant d'ordre: elle n'eut pas voulu deſobliger le moindre de la famille d'vn petit tour de teſte ou d'vn clin d'œil, elle eut mieux aymé perdre tout ſon bien que de ſoutenir vne querelle. S'il y auoit quelque maiſon affoiblie, quelque pauure parent, quelque viſage contrefait, c'eſtoit ceux là qu'elle cherchoit paſſionnement, & qu'elle fauoriſoit de toute l'eſtenduë de ſon pouuoir. La conuerſation des hommes luy eſtoit ſuſpecte, auſſi s'en abſtenoit-elle par diſcretion; & ne ſe trouuoit gueres parmy eux, que pour des effets de Charité, & en des réncontres honorables, où la reputation ne peut tomber. Ses yeux estoient temperez de majesté & de douceur, de sorte que tous les méchans la pouuoient craindre, & tous les gens de bien la deuoient aymer. Ie ne sçay si ie vous dois dire que ses paroles estoient Vierges, & qu'elle rougissoit aisément, mais ie vous apprens que sa voix faisoit vn accord de modestie, que son geste representoit la bonne grace, que son pas estoit vne proportion de bien seance, & pour dire en vn mot que c'estoit le plus beau & le plus parfait de tous les corps, & vne ame bien logée. Quand vous rencontrez quelque porte magnifique, vous dites que c'est l'entrée d'vn Palais, & que celuy qui y demeure est vn grand Seigneur; raisonnez en la méme sorte, pour ce qui regarde Marie : & puiſque la ſeule montre de ſon exterieur vous rauit les yeux , & que le rejaliſſement de ſon Eſprit, qui n'eſt qu'vne lumiere rompuë & dérobée, vous paroit neantmoins ſi rauiſſant ſur ſa chair, croyez qu'il eſt incomparablement plus beau au dedans , où il luit a découuert. Voicy deux paradoxes pour les filles , particulierement pour les delicates : elle n'a point de temps qui ne ſoit reglé , neantmoins elle en à toujours pour ſeruir; Elle trauaille & paſſe les jours & les ſepmaines entieres ſans manger. Choſe étrange que tant d'abſtinences n'incommode point ſon Eſprit, & qu'vn corps affamé & retranché de toutes les commoditez ordinaires, ſoit capable de porter autant de charges que celuy qui ſe traitte bien. Il eſt vray que l'infirmité naturelle l'obligeoit de temps en temps, comme nous, à quitter le jeune, & à prendre quelque honneſte nourriture; mais certes ſi vous l'euſſiez veuë à table, & que vous euſſiez conſideré la façon qu'elle y apportoit, vous euſſiez bien dit, que ce n'eſtoit pas pour ſeruir ſa bouche, ou pour contenter ſes appetits, mais pour viure, & pour arreſter la mort. Son corps à tant de rapport & de ſoumiſſion à la grace, que jamais il ne demande le repos, que quand la raiſon le commande, & la raiſon ne le commande jamais que dans la neceſſité. Alors pendant que les ſens exterieurs ſe delaſſent, ſon Eſprit infatigable veille toujours; ce n'eſt pas vn ſommeil, c'eſt vne meditation profonde, vn recueillement, vne extase ou elle regouste ce qu'elle a appris dans la lecture, ou elle renouë ce qu'elle a interrompu par le sommeil, ou elle dispose de l'execution de ses bons desseins, ou elle apprend quelquelque chose, par reuelation, du secret de Dieu. Il n'y à que l'Eglise qui ayt le pouuoir de la faire sortir de sa maison: & toujours en compagnie de ses parens; car comme elle est actiue & laborieuse au dedans, elle est retenuë & circonspecte au dehors, & ne voudroit pas paraitre sans garde; quoy qu'à la rigueur vne vertu si bien établie, comme la sienne, se deffende assez de ses propres forces, & qu'elle soit par tout où elle est, honnorablement & seurement. Mes filles ce que j'adjouste n'est point hyperbole ; toutes les actions de Marie ont esté de grans merites, & à chaque pas qu'elle a auancé dans la vie, elle a profité pour l'eternité. Apprenez de là, s'il vous plaist, que quoy qu'il serue aux filles d'estre voillées exterieurement, neantmoins il n'y a point de sentinelles pour leur esprit, c'est à dire que leur reputation peut estre conseruée en apparence, & au dehors par le soin d'autruy, mais que l'interieur, & la conscience dépend d'elles & de l'estude qu'elles y apportent. Sçachez de plus, que celles qui ont les vertus pour leurs maistresses, n'ont que faire de chercher des Leçons ailleurs, pourueu qu'elles escoutent, elles sont instruites, & tandis qu'elles suiuront ces bonnes regles, elles ne peuuent s'esgarer ! O Saincte Vierge quels éloges vous donneray-je pour vous faire connaitre au monde, & vous rendre ce que ie vous dois ? On vous à veu d'vne part aussi appliquée & suiette que les plus ieunes filles qui essayent la vertu, & d'ailleurs si parfaite & si auancée, qu'on ne pouuoit douter raisonnablement que vous eussiez encore à apprendre. L'Euangeliste a parlé de vous comme moy, l'Ange vous a trouuée aussi belle que ie vous faits: & le Sainct Esprit vous a choisi entre toutes les femmes pource que veritablement vous auez esté la meilleure. Ie me perds, quand ie parle de vous, & si ie vous l'ose dire ie vous faits tort, quand ie vous loue: car de vous apeller l'amour de vos parens, & l'admiration de tous les peuples, c'est vous abbaisſer en quelque ſorte ; il faut prendre vos louanges ſur le principal de vos merites, & conſiderer en vous cette qualité admirable qui vous a fait mere de IESVS-CHRIST. Quand le meſſager du Paradis vous en apporta la nouuelle, vous eſtiez dans vne profõde ſolitude, mais non pas ſeule, car vous auiez tous les Prophetes de la Loy auec vous, quantité de bons liures, & vne infinité de bonnes penſées. Quand il entra dedans voſtre Chambre, craignant que ce fut vn homme, vous vous troublâtes ; mais quand il vous appella par voſtre nom, vous le reconnutes à ſa voix : vos ſens auoient plus d'habitude auec les eſprits qu'auec les corps, & d'autant que celuy cy portoit vn viſage & vne façon comme la noſtre, vous en euſtes peur. Au premier bon iour qu'il vous donne, vous ne dites mot par humilité, mais quand il vous preſſe & qu'il vous ſollicite de croire, vous vous rendez à Dieu par obeïſſance. Apres cette grace qui eut ébloui toute autre que vous, pour témoigner que voſtre grandeur vous auoit laiſſé toute voſtre humilité, vous vous en allâtes viſiter voſtre couſine : non pas pour appuyer voſtre Foy ſur ſon exemple, & pour croire à vne femme apres auoir crû à Dieu, mais ſeulement pour luy faire part de voſtre bonté, & luy declarer voſtre ioye. Elle vous appella bien heureuſe, & vous luy répondites dans voſtre Cantique que vous eſtiez la Seruante. Trois mois ſe paſſerent en deuoirs de Ciuilité &

d'honneté reciproques : mais comme vous eſtiez pauure de biens, voſtre fils voulut payer voſtre logis, & reconnaitre vos hoſtes ; il fit treſſaillir le petit ſainct Iean dans le ventre de ſa mere, & il luy donna la grace auant qu'il eut la raiſon. Depuis ce temps là vous ne viſtes plus rien que des miracles, vne femme ſterile accouchée d'vn fils, vne fille mere & mere d'vn Dieu, vn muet qui parle, des Roys qui adorent, vne eſtoille qui paroit, & vous qui n'auez pû ſoutenir d'abord la douceur & l'humanité d'vn Ange, vous ne tremblez point de ces prodiges, au contraire, comme porte le texte Sacré, vous les gouſtez ; vous les eſtudiez, vous les gardez dans voſtre cœur. Eſtant la mere & la fauoriſée de Dieu, ie crois que vous auez esté sa depositaire, mais vous estiez humble, & dans ce rang vous obseruez tout ce qui se passe comme des choses nouuelles à vostre esprit, & des mysteres que vous rencontrez, vous vous en faites des leçons. C'est la coutume d'aller tous les ans au Temple pour la solemnité de Pasques; vostre cher espoux vous y fait bonne compagnie; il est vostre garde, & il me represente la bonne honte qui est inseparable de l'honneur; & qui est si necessaire aux femmes & aux filles: jamais vous n'y futes sans luy. Voila Sainte Vierge vne partie des perfections que ie reconnais en vous; si les plus deliées m'ont échapé, c'est la faute de ma veuë, & la conduite de vostre esprit, qui n'a découuert au monde, que ce que vostre humilité n'a pu cacher. Et vous mes filles ie vous prie de croire que ie suis quitte de ma promesse ; & encore que ie sois assez mauuais peintre, & que ie couche mal en couleur, il faut que vous me confessiez la verité, que la perfection de mon projet recompense mon ouurage, & que i'ay fait vn fort beau Tableau de la vertu, puisque j'ay suiuy l'original. En suite dequoy i'ay à vous dire que ce petit abregé que ie vous donne, est comme l'essence de toute la vie Spirituelle, & à vous prier que vous l'aymiez, s'il vous plaist, & que vous imitiez vostre mere si vous esperéz de la suiure. Mon Dieu que de perfections & de graces dans vne seule personne! I'y voy vne pudicité admirable, d'esprit & de corps ; vne abſtinence perpetuelle de tous les plaiſirs legitimes, vne Foy ſolide, & inebranlable, vne deuotion tres profonde vne honneteté de fille ; vne ſageſſe de mere, vne grandeur éleuée au deſſus de toutes choſes, & vn mépris de ſoy meſme, qui la fait deſcendre juſques aux dernieres creatures. Il me ſemble quelquefois qu'elle vous couure toutes de ſon manteau, & qu'elle vous enferme dans ſon ſein, & que de cette bouche dont elle a baiſé le bien aymé, elle vous offre & vous recommande à ſon Pere. Regardez vos filles, celuy dit elle, & conſeruez les s'il vous plaiſt: En voila qui n'ont jamais eſté touchées, & qui ont veſcu dans le corps comme les Anges dans le Ciel; en voila d'autres qui ſe ſont conſeruées comme les eaux douces dans la mer, qui ont esté engagées au mariage & qui ont renoncé à ses libertés ; Mon Pere ; ce sont les paroles du fils qui sont permises à la mere, ie les ay seurées, & vous les ay gardées par vostre grace ; comme vostre fils les a caressées & honnorées de sa part, iusques à les receuoir pour espouses, & à reposer sur leur sein ; ie vous prie mon Pere, que nous ne soyons point separées, & qu'elles iouissent de vous éternellement auec moy. Mais ce seroit trop peu pour ma ioye & pour leurs merites, si elle en goustoient toutes seules, ie souhaitterois que vostre misericorde s'étendit sur ceux qui les touche, & que chaque Vierge vous gagnât vne ame, que celle-cy attirat à vous sa maison,

& que cette autre rachetat ses bons amys : Pere sainct , le monde ne vous connoist pas : mais vous scauez bien que vos filles vous ont fait vne troupe à part , & qu'elles sont sorties du monde , affin de ne se point salir , & pour vous seruir fidelement, quelle pompe , quelle Grace, quel rauissement de ioye pour les Anges , de voir la Virginité qui gagne le Ciel, & vne poussiere épurée , qui s'eleue iusques à eux. Ce sera lors que la veritable Marie assemblera le cœur des Vierges , qui feront vn concert ensemble , & diront à Dieu , qu'elles sont bien heureuses d'estre au port, & d'auoir passé la mer de ce monde sans auoir echoüé à ses escueils. Chacune d'elles le ressentira en son particulier , & le témoignera en ces paroles, emprun-

emprunteez du Prophete ; j'immole à Dieu vn Sacrifice de loüange, & ie rends mes vœus aù tres-haut. Ie ne feins point de vous qualifier en cette sorte, & de vous dire confidemment ; que vostre cœur est vn autel, ou le Sauueur du monde IESVS-CHRIST est Sacrifié tous les iours : ie m'appuye sur ce que vostre corps est vn Temple, & ie raisonne en suite, qu'il faut donc que l'ame en soit la plus Saincte partie, comme sans doute elle est la meilleure : ie m'imagine que vos membres sont les cendres qui couurent l'Autel, & que l'amour de Dieu qui vous brûle interieurement, est comme le feu sacré qui consomme le Sacrifice : ie m'escrie apres cela ; Bien heureuses Vierges qui seruez à Dieu en choses si grandes, qui faites vn jardin pour ses plaisirs, qui faites vn Temple à sa grandeur, qui estes les Victimes & les Sacrifices de son amour.

CHAP. II.

Second exemple pris de la vie de Saincte Thecle.

A Saincte Vierge sera donc la guide & la conduite de vostre vie, Saincte Thecle vous apprendra à vous sacrifier. Ce fut vne fille fort considerée dans sa jeunesse, mais si froide & si peu portée à ce qu'on attendoit de sa beauté, que ny les priere ny les seruices ne la pûrent ja mais entamer. Ses parens qui ſouhaitoient auec paſſion de la voir mariée, la fiancerent contre ſon inclination, à vn nommé Thamyris : à peu de jours de cét engagement forcé, elle rompit, & declara pour ſes excuſes, qu'elle auoit choiſi vn meilleur maiſtre. Celuy-cy qui aymoit deſia iuſques à l'excez, deuint furieux, voyant qu'elle refuſoit ; & joignant ſon intereſt ; & ſa querele à la rage de ſes parens ; il ſe rendit partie & l'accuſateur de celle dont il voudroit eſtre le ſeruiteur. L'innocence l'empeſche, il le prend ſur la Religion & la charge publiquement d'eſtre Chreſtienne. Et pource qu'il plaide deuant vne cour ennemie de cette nouuelle ſecte, & que tous les Iuges ſont payens, il fait vn grand crime d'vn ſeul mot,

On dit que l'affaire fut menée si brusquement, & que le procez fût si court qu'à peine pouuoit on separer l'accusation & la sentence : qui portoit que Thecle estoit condamnée & seroit ietée aux Lions pour auoir fait des Sacrifices à vn homme Crucifié. Elle entra dans l'amphiteatre auec vne Majesté qui n'est permise qu'à l'innocence, & auec vne mine aussi ferme, que ceux qui regardoient aux galleries : & d'abord fit deux grands miracles; l'vn c'est qu'elle changea les bestes en autant d'agneaux ; l'autre c'est qu'elle toucha d'honnesteté tous les yeux des impudiques qui n'estoient venuë à l'assemblée que pour voir mourir vne beauté. Dés que les Lions furent lâchez de leurs cages, ils accoururent à la proye pour l'adorer;

& encore qu'ils eussent esté preparez par vne diete de plusieurs iours, ils luy témoignerent en la caressant, & en se couchãt à terre qu'ils n'auoient point faim aupres d'elle. Les hommes se fâchent de les voir silents, & employent tout ce qu'ils ont d'artifice, & d'autorité naturelle pour les obliger à la cruauté, mais auec tout ce qu'ils font ils n'obtiennent que de la douceur. N'est-ce pas vne belle recommandation pour la Virginité qu'elle ayt tant de force sur des bestes affamées? Que les Lions se soyent oubliez de leur appetit, que la boutade ne les ayt point emporté, qu'ils n'ayent point esté tentez d'vne si bonne chair & que l'vsage & l'accoustumance qu'ils ont d'engloutir les viandes, ne les ayt point trompé cette fois ? Ils contribuerent, pour ainsi parler, à l'auancement de nostre croiance, en honnorant le Martyre, & dans le respect qu'ils porterent à vne Vierge, n'osans pas mesme la découurir, ils monstrerent à tous les méchans qu'il n'est rien au monde de si Sacré.

Chap. III.

Troisiéme exemple d'vne Vierge d'Antioche.

I'Ay tort dites vous, de vous proposer des exemples inimitables, & de vous peindre des Tableaux qui ne peuuent estre copiez ; Marie est l'vnique, & Thecle est la fille, & la Disciple de sainct Paul ; donnez nous vn maistre qui soit aussi sainct que celuy-là, & nous vous donnerons des filles qui ressembleront à Saincte Thecle. Ie suis raui de vous entendre parler : & affin de vous témoigner que vostre liberté me plaist, ie veus m'aiuster icy à vos sentimens, & vous declarer dans vn bel exemple, qui touche à nos jours ; que sainct Paul preche encore apres sa mort, & que sans amplification il a autant d'ecolieres qu'il y à de Vierges. On a veu depuis peu de temps en Antioche vne jeune fille de condition, à qui la nature & la grace sembloient auoir tout donné. La Premiere & la plus considerable de ses bonnes qualites, c'est qu'elle estoit sage & que sçachant bien qu'elle estoit belle elle auoit resolu de ne point éclairer la vanité, & de viure separée de la conuersation des hommes. Cette retraire éueilla la curiosité de ceux qui aymoient ce qu'elle cachoit · & la curiosité la fit connaitre. Sur le bruit qui fut aussi tost repandu dans le ville, qu'il y auoit vn thresor de perfections qu'on ne montroit pas tous les jours. Ie ne sçay de qu'elle composition sont les rayons de la beauté, ny de qu'elle façon est sa chaleur, mais ie voy bien qu'ils sont fort contraires à ceux du Soleil, & que plus ils sont èloignez plus ils brulent: c'est peut estre l'ordre de nostre imagination, de renuerser ainsi toutes choses, de poursuiure ce qui nous fuit, & de mespriser ce que nous tenons dans la main. Iamais elle n'eut tant de bruit tant de seruiteurs que depuis le iour qu'elle s'enferma. Pour les exclurre en dernier ressort elle y applique le meilleur de tous les remede, & fait vn vœu solemnel de Virginité; elle declare qu'elle a renoncé à la chair, & que ceux qui la sollicitent dérobent à Dieu; elle coniure les jeunes gens qui la considerent, de ne se point tromper mal à propos, & de jetter leurs esperances sur celles qui ont encores leur liberté. L'amour est cruel quand on le fache; apres qu'elle eust expliqué sa derniere resolution, tous ses petits importuns se defilerent l'vn apres l'autre; mais en leur place elle vit autant d'ennemis & de Bourreaux: on ne dit plus qu'elle est farouche pource qu'elle est belle, on l'accuse qu'elle honore IESVS-CHRIST, & qu'elle à peché contre les Dieux & contre l'estat: Voyla la Persecution & la guerre toute formée. Vous sçauez bie que les filles n'ont point d'ailes aux pieds, & que c'est vn meuble assez mal aisé à cacher; celle-cy n'espere point de ce costé là, elle est bien armée de son courage; elle est disposée à la peine & à la mort: elle la demande; & pourueu qu'elle sauue son honneur, en perdant sa vie, elle ne craint rien, le jour de son jugement estant venu, le peuple y accourut de toutes parts comme à vne action extraordinaire; elle y parut accompagnée de deux qualitez capables de la iustifier si ses juges eussent esté hommes, de sa bonne mine & de sa sagesse mais elle est chargée de deux grans crimes , d'auoir mépriſé les Dieux n'en admettant qu'vn , & d'auoir dépleu à beaucoup d'hommes ayant renoncé à tous. Il faut auouër que le diable à trop de malice quand il s'employe , particulierement contre la Virginité:car en cette rencontre ou toutes les fineſſes du monde euſſent failli, il conſeille aux Iuges de prendre vn temperamment , affin de nuire auec ſuccez ; il leur fait connaitre que cette coupable eſt vne Amazone , qui cherche la mort ; & vn rocher inebranlable qui s'affermira ſi on le bat ; il leur perſuade donc de l'a tromper & de luy donner la vie qu'elle meſpriſe. Il leur fait voir qu'autant qu'elle eſt forte en reſolution , autant eſt telle delicate & tendre à l'honneur , que ſans doute eſtant forcée de ce coſté là elle quittera de l'autre, & qu'elle oblira ſa Religion quand elle ſera attaquée dans ſa Chaſteté. Sur cela, veu le crime & le procez, il fut ordonné par la Cour, qu'elle choiſiroit l'vne de ces deux choſes; ou de rendre l'honneur qu'elle auoit oſte aux dieux, ou d'abandonner le ſien. Dites moy, ie vous en prie, ou eſt le Paradis des idoles, qui veulent eſtre vangez de la ſorte! Et qu'elle eſt la vie & la conſcience des hommes qui iugent ainſi? La lecture de l'Arreſt fit faire vn grand cry à tout le peuple, & tous les meſchans en treſſaillirent; mais la pauure fille fut bien ſurpriſe. Il eſt bien vray, que pour ce qui touche la Religon, elle à appris ſur l'exemple des Martyrs, qu'on la peut conſeruer en donnant ſa vie, & ſur l'eſſay de ſon courage, qu'il la peut ſuiure iuſques-là: mais que fera elle pour deffendre ſon honneur ? Mon ame, ce dit elle, & ou ſommes nous ? N'eſt-ce point la vne extremité deplorable, que ie ſois obligée de deuenir Idolatre ſi ie ſuis reſoluë de demeurer Vierge ? Ie penſois gagner deux couronnes dans le meſme iour, l'vne pour mon ſang, l'autre pour ma Virginité ; on me les enuie toutes deux. Mais quoy ! On me reduit à ce point, que quelque choſe que ie faſſe, ie perds neceſſairement quelque choſe : ſi ie me proſtituë ie ne ſuis plus Chaſte que de nom, ſi ie Sacrifie aux Dieux ie ne ſuis plus Chreſtienne. Non non ie ne me trompe point, dans cette Religion extrauagante qui ne connoit point. L'Auteur de là pureté, comme il n'y à point aussi de Vierges: il n'y à point, ou l'amour commande, il n'y en à point, ou Venus est adorée, il n'y en à point ou les Dieux sont adulteres. Apres tout il me vient en pensée qu'auec la perte du corps on peut estre pur, pourueu que l'esprit soit entier! Ah mon Dieu s'il estoit en mon pouuoir de vous conseruer l'vn & l'autre; mais puis que la rage de vos ennemis m'a borné à ce miserable choix, il faut que ie souffre ce que ie ne puis euiter, & que ie vous dise que quoy qu'on entreprenne sur moy, vous serez toujours le maistre de mon cœur. Raab se trouue iustifiée & reparée deuant vos yeux, par la force de vostre amour; apres des excez qui ſeront toujours plus coupables que les miens, comme ils ont eſté plus volontaires. Iudith la plus braue Dame de voſtre peuple n'a point eu de honte de ſe raieunir, eſtant Vefue, & de feindre d'aymer vn homme qu'elle à enuie d'aſſommer, & d'autant que ce n'eſt point la volupté qui la pique ny la vanité qui l'habille, & qu'elle ſi porte par vne compaſſion raiſonnable qu'elle à pour les ſiens, perſonne n'a jamais dit qu'elle fut mauuaiſe: au contraire elle eſt louée d'honneſteté & de ſageſſe pour auoir racheté d'vn coup le ſac d'vne Ville qui eſtoit reduite aux dernieres extremitez, & l'honneur des femmes auec le ſien. C'eſt aſſez pour la conſolation de mon cœur, de ſçauoir que voſtre grace eſt toute puiſſante, & que nos volontez ſont libres: Allons mon ame ; allons courageuſement ; à la vie, ſi on nous la laiſſe, à la mort, ſi on nous la donne ; à tout ce qu'il plaira à Dieu & à mes Iuges ! & ne craignons plus l'infamie qui ne peut tomber ſur nous, ſi nous ne voulons. S'eſtant vn peu confortée de ſes paroles, & ayant gouſté celles du Sauueur quand il dit dans l'Euangile, quiconque perdra ſon ame pour l'amour de moy la trouuera ; elle pleura par tendreſſe, & puis elle ſe teut par diſcretion, pour oſter aux méchans ce premier auantage qu'ils pretendoient, d'auoir iouy de ſes paroles. Ne dites point que par vn attachement qu'elle à a ſa religion, elle a choiſi ſon deshonneur, dites plus reſpe-

reſpectueuſement qu'elle s'abandonne a Dieu, & jugés ſi ce corps eſt net, qui porte vne bouche ſi innocente. Ie taſte il y a long temps, comme quoy je couleray en cét endroit que je ne puis décrire honeſtement. Ie voudrois que nous nous puiſſions exprimer, a la façon des Eſprits, ou que j'euſſe l'adreſſe de ces bons peintres, qui jettent des creſpes & des ombres ſur les choſes qui font mal aux yeux pour l'amour de Dieu fermés les voſtres, & ſi vous me ſuiués de la penſée, que ce ſoit de la plus pure que vous ayés. Voyez vous cette maiſon obſcure & ſeparée, qu'on appelle je ne ſcay comment! c'eſt la priſon ou l'on enferme l'innocence! Ah, mes filles, ne craignés point; les Vierges peuuent eſtre gaſtées par la force & proſtituées par l'iniuſtice, mais elles ne peuuent eſtre déhonnorées a moins de l'auoir voulu : ce ſont des Autels qui purifient tout ce qu'ils touchent, & qui font des temples des lieux de l'abomination ; ce ſont des colombes qui ne s'arreſtẽt point ſur les carcaſſes & qui cueillent l'oliue ſur le fumier. Cependant la foule ſe fait aux enuirons de la place & de la porte, je vous prie encore vne fois d'oublier ſon nom ; & c'eſt vne troupe d'hommes perdus : qui n'ont plus d'ame ny de honte, & qui n'ont gueres de patience quand ils ont occaſion de mal faire. Imaginez vous que vous voyez des eſpreuiers qui ont écarté vn pigeon de ſa volée, & qui ſe battent enſemble a qui en fera le premier paſt. Noſtre priſonniere les entend bien, & c'eſt merueille qu'eſtant ſi proche du danger, & dans vn lieu prophané de tant dordures, elles prie auſſi paiſiblement qu'a ſon Oratoire ; Ieſus, ce dit elle, & mon cher amour, N'eſt-ce point vous qui deſcendites dans la foſſe auec Daniel, & qui deffendites aux lyons de toucher cét homme qui vous ſeruoit ? Auez vous moins de bonté pour vne fille, ou moins de force contre les méchans ? N'eſt ce point vous qui changeâtes la fournaiſe en vne fontaine, & qui fiſtes tomber la roſée ſur le feu ou les trois enfans furent jettés ? qui ſuſpendiſtes l'eau par vn grand miracle lors que voſtre peuple paſſoit la mer ? vous aſſiſtâtes au jugement de ſuſanne & dementites ſes adulteres ; vous fiſtes ſecher le bras a vn inſolent qui vouloit enleuer le meuble de voſtre maiſon, il s'agiſt auiourd'huy de voſtre temple, ſouffrirez vous qu'il ſoit violé & que vos ennemis en soient les maistres ! O Iesus que vostre volonté soit faite en toutes choses, & que vostre nom soit benist eternellement; mais si vous escoutés ma priere, vous conseruerés mon honneur puis qu'il interesse le vostre. A peine auoit elle acheué, qu'on vit vn soldat effroyable au dernier poinct qui se separoit de sa troupe comme vn turbillon, & qui se fit iour dans le plus épais de la presse. Le peuple eut peur, & a mesure qu'il passoit, les deux rangs plierent. Il portoit l'habit de quelque officier de nos legions, & le visage d'vn homme qui n'a pas encore passé tout son temps. Si vous avés veu les petits poussins courir sous la plume de leur mere, quand le Milan crie, vous auez compris toute la frayeur qu'eut nostre Colombe enfermée le voyant entrer. Mais elle se souuint fort à propos, pour ſa conſolation, de l'hiſtoire de Suſanne, & de la rencontre de Daniel qui interuint par vne prouidence particuliere à l'execution du jugement : Celuy-cy n'auroit-il pas quelque deſſein de cette ſorte? peut eſtre qu'il n'eſt pas ſi mauuais qu'il le paroiſt, peut eſtre que ſous l'habit d'vn ſoldat il cache vn homme de bien? Ne ſeroit ce point quelqu'vn de ces braues caualiers qui ſeruent l'Empereur dans le camp, & Ieſus Chriſt dans le cœur? Mais auſſi ne ſeroit-ce point mon bourreau, ô mon Dieu quelle joye, & quelle journée! Ma fille, luy dit le ſoldat, je n'ay point d'autre compliment à vous faire ſinon que i'ay de l'amour pour vous, autant qu'vn bon frere en doit auoir naturellement pour vne ſœur : c'eſt vous dire que vous corrigiez la penſée que vous auez conceuë de moy, & que vous ne jugiez pas ſur ce que ie monſtre ſi vous ne ſcauęs tout ce que ie ſuis. Mon inclination & ma naiſſance m'auoient obligé iuſques icy de ſuiure la fortune de Ceſar, mais apres tant d'années de ſeruice, & ſi peu de recompenſe, la Religion m'a enſeigné, qu'il y a vn maiſtre plus grand que luy, & des exercices qui couſtent moins: Ie ſuis Chreſtien; & de ceux qui voudroient auoir donné deux vies, pour rachepter la reputation d'vne pauure fille: Ne craignez point, vous eſtes auſſi ſeurement entre mes mains, que dans le cabinet de voſtre pere. Mais pour la faueur que ie vous faits, ie vous prie de m'accorder deux petites graces; l'vne que vous m'aymiés s'il vous plaiſt, l'autre que vous m'aydiez à mourir pour l'amour de Dieu: Ie ſuis rauy que vous ſoyez Vierge, pourueu que ie ſois martyr. Et vous le pouués à peu de peine, ſeulement en me prétant voſtre iupe, & changeant d'habit auec moy : Car ma ſœur, i'ay appris au college que le temps eſt cher ; & à l'armeé, que pour bien faire il ne faut pas tant diſcourir ; reſoluez vous donc de vous deshabiller promptement, & de me fauoriſer d'vne feinte pour la conſommation de mes plaiſirs. Accommodés vous de ma Caſaque & de mon chapeau, comme vous pourrez, & ne prenez point garde, s'ils ſont iuſtes, car il ne faut pas qu'ils le ſoient pour vous mieux couurir. La ſortie de ce lieu eſt vne retraitte honteuſe ; cela fait pour vous : allez viſte, & faites vn peu le gendarme, & cachés vous bien ; & ſouuenez vous de la femme de Loth, qui ſe perdit miſerablement pour auoir regardé le ſupplice des impudiques, auec des yeux aſſez chaſtes, mais trop curieux. Dieu ſoit beniſt? ma tres chere, ſœur, vous voila tantoſt le ſoldat de Ieſus Chriſt ; & moy par ſa miſericorde, & par voſtre courtoiſie, me voila tantoſt ſon martyr, l'holocauſte ſera tout entier, mais les victimes ſeront changées. Il me ſemble que je voy deſia le tyran qui m'a condamné, & mon ſang qui fume ſur l'Autel. Gardés le voſtre pour vn autre Sacrifice, pour cette milice Spirituelle de chaſteté qui a pour ſolde l'Eternité, & où ie vous prie de combattre vaillamment. Ie vous laiſſe pour armes la cuiraſſe de Iuſtice, qui couurira voſtre corps; & le bouclier de la Foy pour parer aux coups : & pour habillement de teſte, Ieſus Chriſt luy meſme, le chef de voſtre ſalut. Sur ces paroles il met promptement la main à l'execution & commence à se déuestir ; mais il trouue plus de resistance en la fille qu'il n'en attendoit. Car elle n'est pas encore persuadée de toutes les raisons de sa harangue, & ne se peut imaginer qu'il y ait au monde de si bons soldats. quoy qu'il dise, s'il ne veut du plaisir, il veut du sang, & peut estre qu'il s'y prepare en se déchargeant d'vne partie de ce qu'il l'empesche. La dessus ils argumenterent ensemble assés long temps, le soldat disant à la fille, si vous m'aymés vous me preterés vos habits, afin que ie meure ; & la fille répondant au soldat, si vous m'aymez, vous vous contenterez de ma vie, & me laisserez mon honneur. C'estoit vn debat admirable, eu esgard au lieu, ou la vertu n'auoit jamais mis le pied ; & veu le suiet & les personnes, c'est à dire vne fille & vn caualier qui disputent pour le martyre. On vit lors la benedicton de la Loy de la Grace, & l'accomplissement de la prophetie, le Loup & l'Agneau, le Loup & la Brebis, paissans dans le mesme pré sans aigreur, & Sacrifiez ensemble. En fin le soldat obtint ce qu'il voulut, & la pauure fille s'estant aiustee de ses habits, sortit inconnuë, auec tant de bonheur & de conduite, que tous ceux qui la virent passer la prirent pour ce Rodomont qui estoit entré dans cette croyance, les méchans se pressent à qui luy succedera, & le plus échauffé d'entre eux s'estant auancé iusques à la porte, & ayant apperçeu vne barbe, sous la coeffe d'vne Damoiselle, Iuppiter s'écria-il, quelle fortune ma mené icy? Ce n'est point la fable qui suppose vne biche en la place d'vne fille, mais c'eſt vne eſtrange metamorphoſe qui a tranſfiguré à mes yeux vne fille en vn Soldat. I'auois bien ouy dire à quelques Chreſtiens, & i'en auois ry, que leur Dieu s'eſtant vn iour rencontré à certaines nopces, auoit chargé l'eau en d'aſſez bon vin; ie vois maintenant qu'il a méme le pouuoir de charmer les Sexes. Camarades ſortons d'icy, ie vous en prie, tandis que nous gardons les auantages que la nature nous a donné; car ie meure ſi en moins d'vn demy iour nous ne ſommes tous changez en femmes. Ie penſe que ie ſuis deſia enſorcelé, & que ie ſouffre quelque illuſion dans mes ſens, de m'imaginer que ie vois, ce que veritablement ie ne crois point. N'eſtois-ie pas entré en cette maiſon, auec vne diſpoſition à la debauche? En voila des gages; il faut que i'en ſorte changé, & que i'en rapporte vne volonté toute contraire. Ces paroles furent accompagnées de l'estonnement de tout le peuple, & suiuies de l'aparition du soldat, qui commença lors a se produire, & à crier que c'estoit luy : on le crût sur son serment ; & sur le rapport de sa bonne mine, qui n'auoit pas changé auec son habit. On le craint encore ; neantmoins dans l'imagination qu'on à de luy, qu'il s'est laissé desarmer par vne fille, & qu'il n'a pas appris à malfaire, on le traitte comme vn innocent, il est donc apprehendé par les archers & conduit aux Iuges qui le condamnerent sans autre forme, pour auoir trompé la iustice. Voicy le reuers de la tragedie & à mon aduis le plus patetique & le plus doux. Cette pauure fille que nous auons fait échaper miraculeusement, ayant appris ce qui se passoit ; & sçachant que celuy mesme qui auoit deffendu son honneur luy ostoit la gloire du martyre, accourut au lieu ou il deuoit faire l'execution : ie ne sçay comment, n'y en qu'elle compagnie, mais auec autant d'esmotion & de colere que le bon zele en peut souffrir ; & ce fut la plus belle chose du monde, d'entendre ces deux grandes ames pointiller ensemble, qui estoient tantost de si bon accord. Ma pauure sœur, disoit le soldat, ie vous ay fait tant de bien que vous ne pouuez estre jalouse de celuy que ie possede à moins d'estre ingrate ; obligez moy de vous retirer chez vous & de prier Dieu. Ou si vous estes dans le dessein de rester icy, ie vous prie, que ce soit dans le rang des autres filles, & que sans empescher mon sacrifice, vous vous contentiez de voir auec elles, si ie meurs de bonne grace. Allez ma sœur, vous estes condamnée à la vie par la méme sentence qui m'oblige d'en sortir. Monsieur repliquoit la pauure fille, ne m'appellez point vostre sœur, si vous ne confessez que vous auez tort. Helas, ne voyez vous point que la sentence qui vous condamne, n'a esté renduë qu'a mon occasion ! si i'en suis cause, ie suis donc aussi plus criminelle. Vous manquez de logique, & si ie l'ose dire de charité, de prendre la part que ie pretens à la mort, pource que ie vous ay laissé en la place de mon hõneur. Il n'appartient qu'aux mauuais courages, de chercher des seconds ou des respõdans en ce sujet, pour moy i'ay dequoy payer Dieu mercy. En verité, si vous vous estiez obligé en ma faueur à quelqu'vn de mes creanciers, & qu'en mon absence les Iuges l'eussent assigné sur vne piece de vostre bien, n'auriez vous pas raison de m'attaquer auec leur sentence, & de le reprendre sur moy? Il ne s'agist pas de si peu de chose, il est question de ma mort ou de la vostre; ie ne puis viure innocemment apres vous, & ie suis chargée de tout vostre sang si ie ne repans le mien: il faut que ie meure. Ie suis reuenue assés tôt pour empescher la prescription, & quand i'aurois tardé plus long temps ce seroit vn crime qui m'ayderoit. Quoy que vous disiez, la Iustice me tient auec des chaines que tout vostre artifice ne sçauroit rompre: Ie n'ay point satisfait a l'arrest, ie me suis sauuée, ie vous ay engagé, ie suis Chrestienne. Ne m'excusez point sur mes forces, ny sur la delicatesse de mon corps, qui n'est point accouſtumé a la ſouffrance; C'eſt aſſez pour eſtre martyr de pouuoir mouri r,mon frere, Car mon amitié vous rend ce nom, que mon zele vous auoit oſté, ie vous prie de croire qu'en vous donnant mes habits, ie ne vous ay point quitté mes auantages, n'opiniatrez point contre vne fille, n'effacez point le plaiſir que vous m'auez fait par voſtre ſageſſe, laiſſez moy le droit que ie poſſede, tous les deux arreſts ſont contre moy. Nos Iuges ont aſſez de bonté pour vous contenter apres; ſouffrez que ie vous aprenne à mourir mourant la premiere; comme la plus haſtée à cauſe de mon honneur, qui eſt touſiours en danger tandis que ie ſuis en vie; vous qui ne craignez point de le perdre, vous pouuez attendre, & vous en ſerez plus glorieux d'auoir contribué

bué à mon martyre, apres auoir espargné ma pudicité. Qu'attendez vous mes tres-cheres filles ? Elle plaida si bien que tous deux furent condamnez; c'est à dire qu'ils obtinrent tous deux ce qu'ils demandoient, & que comme ils s'estoient sauuez ensemble sur la terre, ils entrerent ensemble dans le Ciel. Ce combat Chrestien me fait souuenir des prophanes, & de l'histoire de Damon & de Pythias tous deux disciples de Pythagores, admirables en sagesse & encore plus en courage. L'vn d'eux estant condamné à la mort, demanda congé au tyran d'aller dire à Dieu à ses parens & de nettoyer sa maison. Le tyran le voulant contenter d'apparence & le refuser en effet, attacha vne condition à l'octroy qu'il iugeoit capable de l'arrester; sçauoir qu'il donneroit vn homme pour luy eſtre ſubſtitué s'il ne reuenoit a propos. Il ne ſçauoit pas que l'amitié qui vnit les cœurs, partage les biens, & qu'entre perſonnes liées de bonne ſorte il n'y a rien qui ne ſoit commun. Celuy qui auoit vn bon amy trouua aiſement vn reſpondant ; il s'offre auant qu'il ſoit prié ; l'autre part. Le iour de l'Arreſt eſtant eſcheu & le criminel ne comparesſant point à heure preciſe, ſon garant prend la place, auec vne ſerenité nompareille, où pour ce qu'il eſtoit aſſeuré de la fidelité de ſon amy, où pource qu'il eſtoit rauy de mourir pour luy. Mais comme on alloit proceder à l'execution, cét amy retourne qui le remercie, & le deſcharge ; auecque tant d'applaudiſſement de la part du peuple, & tant d'admiration pour le tyran, qu'apres auoir pardonné à celuy qui deuoit mourir & embrassé l'autre qui l'auoit voulu, il les pria tous deux de le receuoir pour troisiesme dans leurs bonnes graces. Tant la vertu est obligeante, que d'amollir ceux qui ne se touchent point de la raison. A la verité cét exemple n'est point laid, neantmoins si vous l'euisagez de prés il est fort esloigné de celuy que ie vous ay representé. Icy ce sont deux hommes qui se seruent, là c'est vne fille & vn soldat, icy ce sont deux amys passionnez, là ce sont deux personnes inconnuës: icy il n'y a qu'vne puissance & vn tyran qui s'esblouyt à l'execution, là c'est vne cour opiniastre, composée d'autant de tyrans qu'il y a de Iuges, & qui sont resolus de voir du sang s'ils n'obtiennent du changement en cete rencõtre, il faut que l'vn des deux meure par necessité, en celuy-cy tous deux sont libres, & a moins d'vne reuerence ou d'vn grain d'Encens donné aux idoles, tous deux se pourroient racheter. En fin s'il faut acheuer la comparaison, nos martyrs l'emportent de tout point, En ce que ceux-là exposent leur vie pour leur amitié, Ceux cy la finissent dans la charité ; Ceux-là rauissent le monde de leur courage, ceux-cy plaisent à Dieu pour leur amour.

CHAP. IV.

Digreſſion ſur la difference de la vertu des Chreſtiens & des Paiens

ET puis que mon diſcours ma ietté ſur l'hiſtoire des payens & ſur ceſte rencontre qui arriua au tyran de la Sicile, nommé Denys, ie vous veux entretenir en paſſant de quelques autres pieces qui le touchent, & vous dire comme il a traitté ſes Dieux, afin que vous connoiſſiez ce qu'il en penſoit. Entrant vn iour dans le temple de Iuppiter, & ayant veu vn manteau d'or ſur vne de ſes images il commanda qu'on le luy oſta,

& qu'on luy en donna vn de laine; disant que l'or estoit trop froid en hyuer, & qu'il pesoit trop en esté. Il croioit donc, que ceux qu'il appelloit immortels, & qu'il adoroit, estoient delicats & sensibles comme nous, ou s'il ne le croioit pas, il s'en moquoit. Vne autre fois ayant apperceu vne statue d'Esculape auec vne barbe d'or, il la fit couper sur le champ, pour ce qu'a son aduis & suiuant la raillerie que l'histoire nous a gardé, c'estoit vne incongruité enorme, que les enfans eussent de la barbe deuant leurs Peres, & que puis qu'on n'en donnoit point à Apollon, il n'en falloit point à son fils Esculape. Vne autre fois il prit toutes les coupes d'or, qu'il trouua entre les mains de certains Idoles, & dit pour ses excuses, qu'il auoit de la deuotion a receuoir le bien que les Dieux luy presentoient; que toutes les prieres des hommes ne montoient au Ciel que pour obtenir des graces, & que l'or estoit dans le premier Ordre. Et puis pour conclusion, que si l'or estoit mauuais, on faisoit tort aux dieux de leur laisser, & s'il estoit bon que la nature demandoit qu'il fut employé. Ce sont à mon sentiment autant de mépris que de bons mots, mais aussi ce sont de grans témoignages de foiblesse, & vn preiugé fort auantageux & de grand poids, contre toute la superstition; que Iuppiter ayt esté depouillé de son manteau par vn tyran! qu'Esculape ayt souffert qu'on luy fit la barbe? que tous les autres Idoles n'ayent pas seulement egratigné le larron qui les déroboit dans leurs mains ? Auoient-ils de la complaiſance pour le peché, ou s'ils n'auoient pas l'Eſprit de le voir ? Eſtoient-ils trop foibles pour ſe deffendre, ou trop maladroits pour ſe cacher ! Le Dieu des Chreſtiens eſt bien d'vne autre façon que ceux là, & nous pouuons dire à tous les pecheurs qu'ils ne ſe ioüent point à luy, pource qu'il eſt grand. Cét exemple ſuffira pour tous ; vn mauuais Prince au liure des Rois voulant enleuer les preſens du Temple que ſon Pere y auoit offert, ſacrifiant à ſes Idoles ſur le Saint Autel, fut frapé ſoudainement par vne puiſſance inuiſible, qui luy fit ſecher la main, ſans que la Dignité de ſa perſonne ny le Sacrifice de ſes fauſſes Diuinitez luy pût apporter aucun ſecours. Mais comme Dieu à de la bonté, dés qu'il eut demandé pardon & qu'il ſe fuſt reconnu, il fut gueri; & l'on vit dans le meme jour, & ſur la meme perſonne; vn grand exemple de juſtice, & vn grand effet de miſericorde.

Chap. V.

Quatrieme idée Pour les Vierges, tirée de l'exemple de l'Eſpouſe

Es filles ie n'ay preſque plus rien à vous dire ny à vous donner apres cela : encore eſt-ce beaucoup qu'eſtant ſi nouueau dans ma charge, & ayant ſi peu d'habitude dans les choſes Spirituelles, j'aye pu me demeſler honnorablement d'vn ſi grand deſſein ; mais j'ay copié ſur vos vertus, & j'ay appris de là vne partie de ce que j'eſcris, & tout ce que les Vierges doiuent faire. C'eſt pourquoy s'il y à quelque choſe qui vous proffite ou qui vous plaiſe, ie vous prie de croire que vous le deuez à Dieu & à vous : ce ſont des fleurs dont les racines ſont entre vos mains, & des Tableaux ou ie n'ay rien contribué que la façon , vous m'en auez donné toute l'ettoffe, & d'autant que les inclinations ſont plus differentes que les viſages , j'ay taché , autant qu'il m'a eſté poſſible , de faire vn ouurage commun , & de m'accommoder à l'intelligence de tout le monde : i'ay penſé qu'eſcriuant aux filles ie ne pouuois eſtre trop ſage ; j'ay paſſé legerement ſur les choſes chatoüilleuſes & delicates, ie n'ay pas meſme voulu nommer ce que ie pouuois faire deuiner ; affin que les jeunes ne reçoiuent point de confuſion en liſant mon liure, & que celles qui ont de l'âge y trouuent de l'edification. Que ſi ie me ſuis eſtendu en quelques endroits, ce n'eſt point molleſſe ny affectation ; c'eſt que j'ay eſté touché des Sainctes amours de l'épouſe, & que ie ſçauois bien, que dans le commandement d'aymer qui nous a eſté laiſſé par le maiſtre la liberté de ſe reſiouir honneſtement y eſt compriſe, ie me ſuis imaginé que j'eſtois de nopces, & que n'ayant point de cheueux à friſer, ie deuois parer mes paroles, & coucher de bonnes penſées ou les courtiſans jettent des bouquets. Car c'eſt la façon de toutes les amitiez, d'eſtre vn peu flatteuſes quand elles naiſſent, & l'accompliſſement de ce que le Prophete nous a conſeillé ; applaudiſſez de la main, & frappez du pied. Auſſi voyons nous dans les nopces temporelles qu'ō n'aſſujetit point les femmes du iour qu'on les prend, mais qu'on les careſſe d'abord, & qu'on les appriuoiſe doucement ; affin de leur commander apres. Et ſi ie n'apprehēdois devous bleſſer par de baſſes cōparaiſons. Ie vous dirois qu'ō en vſe de la ſorte enuers tous les animaux ; que premierement on les laiſſe courir à la campagne, & jouer aupres de leur mere, iuſques à ce qu'ils ſoyent formez ; qu'auec le temps, on les accouſtume au trauail, on les fait au joug, on les donne au manege, on leur met le mords dans la bouche, on les presse de la baguette & de l'esperon. Or ie dits de mesme que par maxime de Charité, j'ay deu faire ce traittement à la jeune epouse, affin que dez le commencement elle tate de la douceur qu'on luy prepare dans le Ciel, & qu'elle voye le throne & le Palais qu'on luy promet : qu'elle entende la musique de la Chambre de son espoux, & qu'estant prise & charmée de tous ces attraits, elle s'engage plus volontiers dans cette aymable seruitude, qui charge si peu & qui donne tant. Venez donc de la montagne du Liban mon epouse, venez & vous serez couronnée. Ie mets ces paroles pour reprise dans tout mon discours, & ie voudrois bien qu'elles seruissent d'attrait pour solliciter toutes les filles, & que celles qui n'ont pas aſſez de docilité pour me croire, euſſent au moins aſſez de Foy pour ſuiure le Maiſtre; car c'eſt luy qui parle, & qui nous les à laiſſées dans le Cantique; qu'il me baiſe du baiſer de ſa bouche, pource que voſtre ſein eſt meilleur que le vin, & plus doux que les parfums; voſtre nom eſt vne huile reſpanduë. Certes tout ce Cantique parle d'amour, de paſſe-temps, de diuertiſſement & de jeu, mais l'eſprit de Dieu eſt caché ſous les paroles, & l'ouurage eſt auſſi pur que celuy qui l'a dicté. C'eſt pourquoy, adjouſte l'épouſe, les jeunes filles vous ont aymé : nous vous ſuiurons à l'odeur de vos parfums; le Roy m'a fait entrer dans ſa tente. Comprenez vous bien ce qu'elle dit? Elle demande le plaiſir auant la peine, & commence ſes amours par la poſſeſſion. Elle qui eſt ſi ſage, qui paſſe ſa vie dans le trauail, qui ſe ſert chez ſoy, qui ſort aux champs de grand matin, qui demeure à la campagne, neantmoins elle veut d'abord qu'on la flatte & qu'on la prepare par la douceur? Mais auſſi apres cela, elle ne craint plus la poudre. Enfin conſiderez ſon progrez, & voyez le terme ou elle acheue, parce qu'elle dit ; ſi c'eſt vne muraille dreſſons y des tours d'argent ; tantoſt elle cherchoit d'eſtre baiſée, maintenant elle baſtit: c'eſt qu'a mon aduis, apres auoir ſuccé le premier amour, de delicate qu'elle eſtoit, elle eſt deuenuë vaillante, & qu'ayant oublié toutes les tendreſſes, elle ne penſe plus deſormais qu'à faire la guerre à ſes ennemis, & de grandes actions pour son cher espoux.

Fin du Second Liure.

LIVRE

LIVRE TROISIEME DES VIERGES

CHAPITRE PREMIER.

La Foy doit accompagner la Virginité.

VOvs ayant entretenu iusques icy de mes propres sentimens, il me reste, ma tres-chere sœur, de vous faire souuenir des bonnes instructions de Liberius, tant pour garder la coutume que nous auons prise de les regouter quelquefois ensemble, que pour la croyance que i'ay, que l'autorité d'vn si grand Pape donnera du poids à mes pensées. Ce fut en ce jour bien heureux, qui fit naistre Dieu parmy les hommes, & qui vit vne Vierge mere d'vn fils, dans l'Eglise de l'Apostre Saint Pierre, & à la veuë de quantité de jeunes filles Saintement jalouses de vostre bon-heur, quand vous choisites, pour l'amour de Dieu, la condition de Virginité apres auoir changé vostre coeffure & vostre habit; ce fut lors que ce Saint homme vous fit vn Sermon rauissant, & qu'il vous adressa ces paroles qui attendrirent beaucoup de cœurs. Ma chere fille vous auez ſouhaitté de bonnes nopces ; voyez-vous ce grand monde d'hommes & de femmes, qui ſont venus en ce lieu, pour ſolemniſer la Feſte de la naiſſance du Meſſie ? Ils ſont beaucoup , & il ſeront tous raſſaſiez. Voſtre eſpoux ſe touche particulierement de la faim des pauures : c'eſt luy qui au feſtin de Cana en Galilée changea l'eau en de tres bon vin, & c'eſt luy qui s'en va changer voſtre chair dans le Sacrifice que vous luy offrez : vous ne vous plaindrez plus du corps qui n'eſt plus à vous , & vous ne ſerez plus ſujete aux Loys de la vanité , & aux elemens du monde, depuis que vous eſtes ſon épouſe. C'eſt luy qui traitta quatre mille hommes d'vne petite prouiſion de deux Poiſſons & de cinq pains , & qui en pouuoit nourrir dauantage s'ils se fussent rencontrez. Le nombre de ceux qui sont conuiez à vos nopces est plus grand que celuy-là, & les choses qui s'y passent, sont d'autant plus admirables que les troupes qui suiuirent dans le desert, ne mangerent que du pain d'orge; ceux-cy receuront le corps de IESVS-CHRIST. De celuy qui est fils de Dieu dans toute l'éternité, & le fils de Marie dans le temps: la Iustice de son Pere, la vertu du tout Puissant, la lumiere de la lumiere, sans meslange & sans confusion des personnes, sans partage & sans diuision de nature. C'est le bien aymé de Dieu & vostre, frere ma tres-chere fille. Vous diray-ie, que la mer & la terre tremblent sous sa main, & qu'il ne se fait rien de bon, ny parmy les Anges, ny parmy les hommes qu'il ne commande & qu'il ne commance. L'Ecriture parle de luy en cette ſorte; La parole du Pere qui eſtoit au commancement; voyez ſon éternité: & cette parole eſtoit chez le Pere. Remarquez l'accord des perſonnes & la communication du pouuoir: & le Verbe eſtoit Dieu, reconnaiſſez l'égalité & la diuinité du fils. Ce ſont des termes ſignifians, qui diſent beaucoup & c'eſt en eſſence & en abbregé, ce que la Foy nous enſeigne de la perſonne du Sauueur. Aymez-le ma tres-chere fille pource qu'il eſt bon: car à le bien prendre, il ny à rien qui ſoit bon que Dieu ſeul; vous ne doutez pas que le fils de Dieu ne ſoit Dieu, vous deuez donc croire qu'il eſt le tres-bon , & le tres aymable. Commandez à voſtre cœur de l'aymer autant qu'il pourra. Il eſt dit que le Pere l'a engendré auant l'eſtoille qui marque le iour , pour nous apprendre qu'il à vne ſource, mais qu'il n'a point de commancement: il eſt dit que le Pere l'a engendré de ſon ſein, & ſi ie l'oſe dire de ſon ventre , pour nous témoigner que ſa generation eſt vne veritable production : il eſt dit que le Pere l'a conçeu dedans ſon cœur, pour dire que ce fils eſt vne parole Diuine, que cette parolle eſt vn terme de connaiſſance, & vne image parfaite de celuy qui parle. Ce Pere à des complaiſances pour ce fils , qui ne peuuent eſtre compriſes par ceux qui ayment imparfaitement comme nous: il le porte dans ſon ſein , il le met à sa droite, il l'appelle sa Sagesse, il le reconnoit pour sa vertu, c'est son bras, pour ce qu'ils agissent ensemble & qu'ils n'ont pas de dessein à part. C'est sa Sagesse, pource qu'il procede de sa connoissance ; c'est sa vertu pource qu'il possede pleinement sa diuinité. Est-il croyable que Dieu ayt esté vn seul moment sans luy, dans l'éternité ou dans le temps ? Est-il croiable que le Pere, qui est éternel, ayt vn fils qui ne le soit pas ? Le Pere a toujours esté, & le Fils aussi; le Pere est parfait, le Fils luy ressemble ; car c'est ma pensée & le sentiment de tous les fideles, qu'on ne peut diminuer vne puissance sans affoiblir celuy qu'elle touche, & que l'inegalité, qui est vn defaut notable, ne peut subsister auec la diuinité , qui dit toute perfection. O ma fille , ie vous le dits encore vne fois, aymez le bien aymé du Pere éternel, honnorez celuy que le Pere glorifie ; & tenez pour certain, que les honneurs & les iniures qu'on leur fait , les touchent esgalement , & que celuy qui abbaisse le fils méprise le Pere.

CHAP. II.

La Sobrieté & mortification est necessaire aux filles.

VOYLA pour ce qui touche la Foy : que ie desire & que ie crois estre en vous au degré de perfection & bien establie: mais ie vous aduise que pour le reſte, vous n'eſtes pas encore dans le port, & que voſtre ſexe & voſtre âge vous expoſent à de grans dangers. Les filles qui ſont ſages craignent tout; c'eſt pourquoy ie vous prie de tout mon cœur, que vous vous contentiez de la guerre domeſtique, & de l'ennemy qui vous bat chez vous ſans y appeller l'eſtranger. N'Vſez-point de vin, que dans le Conſeil de l'Apoſtre, c'eſt à dire petitement & pour ayder voſtre eſtomach, jamais pour le plaiſir & pour le gouſt: car vous ſçauez bien que le vin eſchauffe le ſang, & qu'il ne faut pas grand feu pour bruſler vn ieune corps. Ie vous recommande le ieune; autant qu'il eſt neceſſaire, pour abbattre cette trop vigoureuſe diſpoſition qui nuit a l'eſprit; & vous ordonne que quand vous ne ieunez point, vous ſoyez ſobre. Si vos appetits s'eueillent contre vous, employez contre eux la raiſon, contentez-les de l'eſperance de ces grands plaiſirs de l'Eternité, qui ne ſe fondent pas comme les noſtres; menacez-les du chaſtiment, s'ils ne ſont ſage. Dans mon idée, il n'eſt rien au monde de ſi choquant qu'vn Chreſtien eſclaue de ſes paſſions, qui pretend commander vn iour dans le ciel, & qui ſe laiſſe gourmander ſur la terre: Ie me repreſente ces ieunes cheuaux pleins de fougue, qui n'ont pas encore appris l'Exercice, qui prennent vn foſſé pour vn chemin, qui courent, qui bronchent & qui ſe tüent; ou ie m'imagine cét aueugle paſſionné, qui tombe ſous les roües de ſon caroſſe, & qui roule de precipice en precipice, en pourſuiuant vne Idole de vanité. L'Hiſtoire me l'apprend ainſi, mais les Poëtes content que Neptune offenſé de la Victoire de ſon riual, jetta la fraieur dans l'imagination des Cheuaux qui le portoient à ſes plaiſirs, & qui s'effaroucherent en ſuite. Sur quoy ils font de grandes amplifications à la louange de leur Dieu, & l'appellent tout puiſſant, pour ce qu'il eſtoit delicat en fourbes, & qu'il arreſta vn jeune fou. Ils adjouſtent qu'en memoire de ce beau miracle, on fait tous les ans vn Sacrifice à Diane, & qu'on luy immole vn Cheual; ils diſent qu'elle fut l'obiet & l'occaſion de la querelle, & que cette chaſte Vierge eut ſi peu de honte ou ſi peu de cœur, que non ſeulement elle ſe donna à pluſieurs, mais meſme que contre l'humeur des plus debauchées, elle ayma ceux qui ne l'aymoient pas. Pour moy ie penſe que la verité eſt aſſez forte, pour ſe ſoutenir toute ſeule contre le menſonge, & ie crois que les fables ſont ſi foibles que ſans que i'employe mon diſcours à les decrier icy, elles ſe defont aſſez d'elles meſmes. Ie diray ſeulement en paſſant, qu'il y à beaucoup moins de ſcandale, qu'vn homme eſchape iuſques à ſe perdre dans vne mauuaiſe recherche, que de voir deux Dieux qui ſe battent pour ce ſujet, Mais certes ie ne puis gouſter en façon du monde la concluſion qu'ils y ont miſe; que Iupiter ayant decouuert, que ſa fille couroit toute nuë dans les bois, ſous pretexte de chaſſer aux beſtes, & pour contenter en effet ſes mauuaiſes inclinations, faché de ſa honte, & n'oſant luy dire, ou peut eſtre ne la pouuant couurir autrement, il ſe vengea ſur le Medecin qui auoit gueri ſon adultere. Qu'elle infamie d'allier la Diuinité aux paſſions des hommes, & de feindre que Neptune commandoit aux plus furieux des elemens, & qu'il eſtoit jaloux d'vne femme; Qu'elle inſolence de faire vn Royaume & vne retraitte dans les foreſts pour cacher vne abandonnée, & trouuer de l'ombre à des crimes que la curioſité des villes eut trop éclairé? Qu'elle erreur de s'imaginer qu'Eſculape ayt pû retablir & reſuſciter vn homme mort, & qu'il n'ayt ſçeu parer aux coups que luy portoit ſon ennemy ! Qu'elle folie de mettre le foudre & les armes de la Iuſtice entre les mains de Iupiter, & remplir ſa Cour de proſtitution & d'iniquité ? Mais il me ſemble que la Feſte d'aujourd'huy eſt trop ſaincte pour ſouffrir d'auantage de ces ordures, & que les perſonnes, à qui ie parle, ſont trop ſerieuſes, pour eſtre entretenuës plus longtemps de choſes ſi fades. Ie retourne donc à ma propoſition, & vous dits, que les viandes fortes qui animent noſtre chair, ne ſont gueres bonnes pour les filles qui ne veulent point eſtre tentées ; la maſſe & la peſanteur du corps empéchent l'eſſort & le vol des Aigles : & voſtre ame, qui eſt ſi fort bien comparée à cét oiſeau, & de qui il eſt eſcrit, que ſa jeuneſſe ſera renouuellée comme la ſienne, doit eſtre extremement libre & dechargée, ſi elle pretend de voler vn jour iuſques à Dieu. Ie n'approuue nullement, que des filles qui font profeſſion de retenuë, ſe trouuent jamais en ces feſtins ſomptueux & d'appareil, ou l'on boit & mange ſans aucune moderation. Ie ne veux pas meſme qu'elles ſçachent trop de complimens n'y qu'elles ſoyent eloquentes en menuës ciuilitez. Ie deffens aux ieunes, de ſe monſtrer, & de faire beaucoup de viſites : pour ce que i'ay appris par de longues experiences qu'il eſt impoſſible de hanter le monde ſans l'aymer, & que dans les compagnies où regne la vanité, on vſe plus de honte que d'habits. Peu à peu la modeſtie, & la contenance ſe lâchent ; on s'ap proche, on se declare, on se donne la liberté de passer les regles de la sagesse, & de rire iusques à quelque excez : c'est lourdise de faire l'image & ne dire mot, mais aussi, si l'on commance, il faut soutenir le tapis & garder son rang, apres cela ce n'est plus que fables & railleries. C'est pourquoy entre toutes les filles, j'ayme les muetes comme les plus sages: En effet s'il est commandé à toutes les femmes de la part de Dieu, & par la bouche de son Apostre, de se taire dans l'Eglise, & si elles ont quelque doute raisonnable, sur les choses qui ont esté leües ou prechées, d'en interroger leur maris secretement, que deuons nous conseiller aux Vierges ? Ne faut-il pas leur dire & leur persuader si nous pouuons, que

que la retenuë eſt le plus bel appannage du Sexe, & que le ſilence eſt la langue ordinaire de la Chaſteté ? Liſez l'ecriture & conſiderez l'exemple de Rebecca. Elle eſt promiſe & tantôt aux termes d'épouſer Iſaac ; neantmoins du plus loing qu'elle l'apperçoit, elle jette vn drap ſur ſa teſte, pour luy témoigner le reſpect de ſon amour. Ce n'eſt point par defaut de nourriture ou par humeur, beaucoup moins par affectation ou par adreſſe ordinaire aux femmes, qui craignent que le jour ne les trahiſſe, & qui s'épargnent pour ſe faire deſirer ; celle-cy eſt aſſez belle ſans cela, mais auſſi, comme elle eſt parfaitement ſage, elle ne veut pas qu'vn homme la voye auant qu'il ſoit ſon mari. Rachel luy reſſemble car ayant esté surprise par Iacob, lors qu'il luy déroba vn baiser tres-Chaste & tres-innocent, elle se prit à pleurer auec autant d'amertume que s'il l'eut offencé dans son honneur : & s'il ne l'asseuroit que c'est luy, qu'il est de ses plus proches parens, qu'il aspire à quelque chose de plus estroit, qu'il n'a rien fait que par vne tres pure inclination, jamais elle ne pourroit estre consolée. Aprés l'exemple suit l'autorité & la Loy, qui a esté portée par le Maistre quand il à dit à tous les hommes, ne regardez point les femmes, de peur qu'elles ne vous scandalisent; & elle s'applique aux femmes en changeant les termes & en leur disant, ne regardez point les hommes, pource que vous auez les yeux aussi tendres qu'eux, & comme vous pouuez aymer, vous pouuez auſſi bruler. Dés que vous portez voſtre cœur à quelque deſir dereglé, encore que vous ne paſſiez point à l'execution, & que vous vous contentiez du ſimple projet, la faute eſt aſſez grande pour vous perdre; mais quand vous donnez de l'amour & que vous en receuez, quand il y à des raports & des correſpondances de volontez, des nœuds & des engagemens reciproques, elle eſt conſommée & complete.

Chap. III.

Le respect des Eglises recommandé aux Vierges.

E rebats, ce que i'ay desia dit du silence, que c'est vne vertu bien seante aux filles, & qu'il seroit à desirer que la premiere & la plus estroite pratique s'en fit en l'Eglise. Ce lieu est si proche du Paradis, & si plein de Dieu; & tout ce qui s'y passe est si admirable & si diuin, que quand ie vous dirois que ce sont autant d'Euangiles & de Sacremens, ie n'irois pas loing de la verité. Il faut donc que nostre cœur nous serue de langue, & que noſtre langue ſoit condamnée à ſe taire, non ſeulement par maxime de reſpect & par deuotion, mais encore par diſcretion : & pour ſuiure le conſeil du Sage, qui nous aduertit aux Prouerbes, qu'il eſt malaiſé de parler beaucoup & de faire peu de fautes. Dieu a fait ce commandement au premier des homicides ; vous auez peché, repoſez vous : ie le renuerſe, & ie dits aux Vierges, repoſez vous & vous ne pecherez point. Prenez en l'idée ſur la Saincte Vierge mere de Dieu, & voyez comme quoy elle s'applique à tout ce qu'on dit de ſon fils ; nonobſtant la profonde connaiſſance qu'elle a de tous les myſteres : elle n'ignore rien & eſtudie. Imitez-là aux occaſions & particulierement dans les aſſemblées &

dans les lieux saints ; quand vous entendez que le Prophete vous annonce Iesvs-Christ, & que l'Euangeliste vous le monstre changez tout vostre corps en oreilles , interessez vostre esprit ; fermez vostre bouche, goustez & croyez en simplicité de cœur. N'est-ce pas vne chose indigne de voir des personnes qui prennent le nom de Chrestiens & qui font la banque & le caquet dans l'Eglise ! Ont-ils peur que nostre Religion s'auance, que celuy qu'ils adore soit connu, que la Foy soit publiée? Pourquoy étouffent-ils la parole & les prieres du Prestre ? Pourquoy deshonnorent-ils les Sacremens ? Ne sçauent-ils point qu'au temps qu'ils murmurent des affaires de leur maison & peut estre de leurs plaiſirs ; le Sauueur du monde deſcend ſur l'Autel & les Anges tremblent ? N'ont-ils point apprehenſion qu'on ne les confonde en les comparant aux Idolatres ! Qui ſe proſternent, qui ſe taiſent, & qui fremiſſent deuant leurs fauſſes diuinitez, & qui aymeroient mieux qu'on leur eut coupé la langue que d'auoir manqué à la reuerence & au reſpect ! Vn page de l'Empereur Alexandre eſclairant vn iour au Sacrifice, comme la torche qu'il tenoit fut acheuée, il la continua de ſon bras qu'il laiſſa brûler juſques à la fin : & encore que la tendreſſe de ſon aage le rendit ſenſible à la douleur, & qu'il fut aſſez jeune pour pleurer ſans honte ; neantmoins il demeura ferme & l'œil ſec, & ne témoigna jamais ny en la contenance de ſon corps, ny en la couleur de ſon viſage, qu'il eut autre incommodité, que de ſeruir à vne trop longue ceremonie. Ie veux croire que ce ne fut pas par deuotion, ny pour le merite des Idoles qui pouuoient brûler comme ſon bras apres ſon flambeau ; ie ſçay bien que les yeux du Prince, qui ſont tout puiſſans, obtinrent cét effort de grand courage au deſſus de la raiſon ; & c'eſt aſſez pour iuſtifier ce que i'ay dit, & pour condamner l'immodeſtie des Chreſtiens, qu'vn enfant ayt fait pour ſon Roy, plus que ie ne leur conſeille de faire pour Dieu. Vn autre à tant de pouuoir ſur ſoy & ſur ſes petits reſſentimens, qu'eſtant dans vne occaſion de liberté & dans vn lieu ou les plus froides inclinations ont aſſez de peine à ſe cacher, entre le muſcat & la maluoiſie, il ſe commande & ſe gourmande iuſques là , que ceux qui le voyent & qui l'eſpient ne peuuent iuger abſolument s'il ferme les yeux ſur ce qui ſe paſſe, ou s'il n'en à point. Et donc ma fille quand vous ſerez deuant Dieu ne contraindrez vous pas voſtre liberté? Obeïrez-vous à la nature? Aurez vous tant de ſoing de voſtre corps? Flatterez vous l'eſclaue pendant que vous entretenez le Seigneur? Oſerez-vous rire? Oſerez-vous vous diuertir? Et croire auec tout cela que celuy à qui vous parlez eblouit les Anges de ſa gloire & tuë les hommes qui s'approchent de luy indiſcretement.

Chap. IV.

Les Vierges doiuent aymer la modestie.

LE monde met le prix des filles dessus le visage, & moy ie le mets à la perfection & à la vertu : il faut que la honte peigne leurs jouës, & que la modestie les habille, qu'elle renoncent à toutes les delicatesses des femmes, & qu'elles s'accoutument de bonne heure à souffrir beaucoup & à se passer de peu. Ie parle des miennes qui sont consacrées à Iesvs-Christ, & je les veux reconnaitre entre mille; à leur pas, à leur port, à leur retraitte ; celles qui ſe cachent dans la troupe, qui ne parlent gueres, qui n'ont point d'eſclat ; car à mon aduis la Virginité eſt vne des ſœurs de l'humilité, c'eſt vne vertu ſombre & cachée. Auſſi ie tiens pour ſuſpectes, celles qui ſe font chercher de tous les yeux quand on ne les voit pas, & qui ſont trop conſiderées quand elles pareſſent en public, ie m'imagine ou qu'elles ſe repentent de leur condition, ou qu'elles n'ont pas encore prouué au monde qu'il eſt deffendu de les eſperer. Ie finis par la recommandation que jay faite d'abord, pour la reuerence des Egliſes, & par vne petite Hiſtoire qu'on m'a raconté. Le peuple Chreſtien, qui s'eſtoit aſſemblé aux champs, eſtant extremement importuné & diuerty par le voisinage d'vn marets & par le cry des grenoüilles, le Prestre qui officioit s'en apperceut, & ne sçachant point d'autre remede, il leur commanda le respect de la part de Dieu; chose estrange, dez qu'il eut parlé elles se teurent. Helas les bestes qui ont moins de raison que nous, témoignent plus de sentiment & rendent plus d'obeissance, & elles honnorent ce qu'elles ignorent. Ne deuons nous pas mourir de regret, de nous voir abaissez jusques à ces cõparaisons? Et n'est-ce pas vne chose infame que des hommes ne soyent à l'Eglise que pour mediter leurs soings ou pour discourir de leurs folies? Et que ceux qui passent agreablement les journée entieres sur vn Lut, ou sur vne belle voix, n'ayent pas vne demy-heure d'attention & de patience pour toutes les affaires de leur ſalut?

CHAP. V.

De l'auſterité des Vierges qu'elle doiuent eſtre diſcretes & moderée.

A chere ſœur c'eſt le precis de ce beau Sermon que vous fit le Pape Liberius qu'vn autre que moy vous auroit couché auec plus de pompe & de politeſſe & qu'vn autre que vous ne ſcauroit pratiquer plus exactement, ie dois ce temoignage à la verité & à ma propre conſcience, que vous auez mis en vſage tout ce

que ce grand homme nous à proposé en idée, & que vous auez commancé ou les autres acheuent : & ne dites point qu'il me sied mal de vous loüer vous estant si proche ; car ie pecherois contre la Iustice, si ie cachois tout seul vne vertu qui est auiourdhuy aussi commune & aussy publique que le soleil. Nos ieunes ont esté reglés par l'Eglise, & reduits à certains iours ; hors de là il nous est permis sans scrupule de manger selon nos commoditez, & méme selon nos desirs Chés vous il est tous les iours Caresme & les quatre temps, & d'vne façon si rigoureuse, que vous ne voulez pas que la nature partage auecque l'austerité, & que vous ne pensez point qu'on puisse ieuner raisonnablement & faire vn repas. Si on vous prie de voir les viandes, vous monſtrez ce liure de l'Euangile qui vous nourrit, & vous reſpondez auec le Maiſtre: que l'homme ne vit pas ſeulement de pain, mais de toute parole qui ſort de la bouche de Dieu. Les choſes les plus groſſieres que vous rencontrez ſont celles que vous choiſiſſez; & ie crois que c'eſt vne fineſſe de voſtre art, de rebutter la nature par des aprés mauſſades & d'égoutans, affin de la faire ſouſpirer aprés le ieune. Vous n'auez point d'autre bain que l'eau de vos larmes, ni d'autre caue que la fontaine, ny de plus grand contentement que de prier Dieu: voſtre liure vous ſert de cheuet & d'oreiller, & quand on vous reproche ſa dureté & qu'on vous plaint de ce que vous eſtes ſi mal couchée, vous repartés auec esprit, qu'il n'y, à point de plume qui soit plus douce ny de roses dans toute l'isle de Malthe qui sentent si bon. Ce sont les préludes de vostre vie, & les premieres exercice que ie conseille aux filles, qui commancent la deuotion; iusques à ce que l'Empire de l'Esprit soit pleinement establi, & que les vertus ayant pris racine: mais quand l'aage aura mortifié le corps & que les bonnes habitudes seront puissantes, il me semble que pour soutenir le reste de la vie & du trauail, la raison conseille qu'on leue vne partie des premieres austerités, qu'on pardonne à la nature, & qu'on espargne le valet puisque la Maistresse en à besoin. Nous sommes rauis de voir les Ieunes vignes qui font des excez & qui

& qui ſe repandent à liberté & aſſez ſouuent ſans proffit; pource qu'on dit que ce ſont des marques d'eſperance,& des ſuperfluitez de bon naturel : Apres qu'elles ont paſſé leur premier temps , nous faiſons eſtat de les gouuerner à l'œil; & s'il arriue qu'elles ſe chargent de bois ,ou qu'elles pouſſent trop de vert, nous y mettons auſſi-toſt la main pour les eſclaircir , & pour les conduire, afin que toutes leurs forces ſe portent à leurs fruits & qu'elles trauaillent auec Ordre & auec moins de dépence. Le Laboureur en prend deſormais vn ſoing tres particulier , tantôt il les fume pour les échauffer, tantôt il les couure de peur que la biſe ne les bruſle ; quelquefois il leur ménage le Soleil au degré qui eſt neceſſaire pour faire proffiter les plantes. Il en vſe de la meſme ſorte pour ſe qui regarde ſes champs, & comme il ſçait bien qu'ils ſe laſſent, qu'ils s'emmaigriſſent & qu'ils s'épuiſent de porter toujours des fruits d'vne méme condition, il les choie par maxime de Prudence, & s'il ne les fait repoſer abſolument, au moins il leur donne quelque charge plus legere. Ajuſtez-vous ſelon cette idée & apres toutes les Victoires que vous auez emportéez deſſus voſtre corps, apres tant d'aſſeurances que vous auez de ſa parfaite docilité, ne luy ſoyez plus ſi rigoureuſe : c'eſt vn ennemy neceſſaire & vn fort bon Seruiteur, quand il eſt reduit. Et partant ie ne vous dits pas que vous le flattiez, mais ie vous conſeille ſeulement de le laiſſer viure, & comme il vous reste peut estre beaucoup de chemin à faire, que vous vous souueniez s'il vous plaist que c'est luy qui vous doit porter.

Chap. VI.

L'honneste diuertissement se peut accorder auec la Virginité.

RENEZ pour regle de toutes vos mortifications, la moderation; & pour gouuernante de vostre table & de vostre bouche, la mediocrité. Changez d'exercices, & trompez agreablement vostre esprit; lisez vne heure, priez en deux ; & puis retournéz à vostre aiguille , & faites à croire à la nature que la diuersité d'ouurage est vne alternatiue de repos , & .que vous vous delassez quand vous faites autre chose. C'est la verité & c'est ma pensée , que chaque saison à son occupation particuliere , que chaque terre à sa vertu , & que chaque chose à son plaisir. La nature méme, qui est si sage & si serieuse , apres tous les exercices qu'elle se donne , & les grans effors qu'elle fait , à cuire nos fruits & nos vins , à blanchir & à preparer nos moissons , elle se detourne pour ainsi dire , & se diuertit à ouurir des Roses & à peindre des Oliues. Il n'est pas iusques au plus pauure Laboureur qui ne prenne quelquefois ses interualles , & qui ne desire le repos apres qu'il a trauaillé. Sur la fin de sa journée il ira visiter son Parc, & auec ses rudes mains, dont il a combattu contre la terre, & contre la furie de ses Taureaux; il tirera le lait de ses brebis : ou il entrera dans son Iardin, & selon la necessité ou la phantaisie, il arrousera les fleurs qui sont alterées, & fera quelque nouueau plan. Tout cela vous monstre que vos Penitences doiuent estre reglées & assaisonnées de discretion, que vostre Iardin est plus proche que vostre champ, & que vous estes plus pressée d'enrichir vostre ame que de casser vostre corps. Soyez austere ma chere fille, autant que vostre conseil vous le dira; soyez vertueuse sans mesure : qu'il n'y ayt personne plus retenuë que vous, qu'il ny ayt personne plus chaste : qu'il n'y ayt point de fille dans l'Eglise qui s'approche de nos mysteres auec plus de netteté, & qui touche plus souuent & plus dignement au Fils de Dieu. Le Prouerbe dit que les Sages ne couchent jamais de toutes leurs forces, & qu'encores qu'ils s'acquittent parfaitement de tout ce qu'ils font, ils se gardent toujours pour ce qu'ils auront à faire. Sans doute qu'il est à propos que le Caresme emporte sur nous quelque austerité de surcroist, & qu'il soit marqué de nos jeunes; de nos veilles, de nos larmes & de nostre sang; il est raisonnable que les enfans pleurent, pendant que leur Pere endure pour eux; mais il faut euiter l'extremité & l'hypocrisie des Pharisiens qui se crucifient pour plaire au monde, & qui effacent leur couleur & leur visage affin qu'on les prenne pour des penitens.

Chap. VII.

L'Oraison des Vierges.

L'Exercice de l'Oraison se doit estimer par son importance & par l'exemple d'vn grand Prophete & d'vn grand Roy qui témoigne de soy-méme qu'auec toutes les distractions de son estat & les soings de sa couronne, il trouue assez d'heure & de solitude pour parler à Dieu sept fois le jour. Beaucoup plus par l'autorité de Iesus-Christ qui nous a laissé pour instruction ces bonnes paroles de l'Euangile; veillez & priez, de peur que la tentation ne vous surprenne. Veritablement il est necessaire d'ouurir la journée par la priere, & de recommander toutes nos actions par celle-là : le matin nous deuons des remercimens à Dieu pour auoir échapé la nuit, & quand nous allons en compagnie que nous nous mettons à table, ou que nous en sortons ; à l'heure de Vespres, & auant que de nous coucher il ne faut pas manquer de nous rejoindre à nostre principe, par de frequentes aspirations & nous souuenir diligemment de cette maxime vniuerselle, que les Payens mémes nous ont laissé ; que celuy qui est le Maistre de toutes choses doit estre la fin & le commencement de tout. Mais pour vous, ma fille, cette deuotion commune n'eſt pas ſuffiſante ; ie deſire que vous emportiez dans le lit quelque trait des Pſeaumes & de l'Oraiſon Dominicale, afin que ſi vous vous éueillez, vous le preſentiez à voſtre eſprit : ie veux qu'auant que vous endormir, vous tâchiez de vous déprendre & de vous dégager de toutes les penſées mondaines, qui vous ont tenté pendant le jour, & qu'a la naiſſance de voſtre ſommeil, vous couchiez quelque belle imagination qui corrige celle de l'ennemy, & qui puiſſe embellir & teindre vos ſonges. Le premier des hommes qui s'eſt appellé Philoſophe, & qui a fait connaitre la Sageſſe au monde, auoit ordonné qu'on luy chantât tous les ſoirs quelque air de Musique afin de se preparer au repos : c'estoit mignardise & delicatesse & non pas vne medecine ; & pour vous dire iusques à mes dernieres pensées & ne vous rien cacher de la verité , c'estoit vn aueugle , qui prenoit du charbon pour sauon , qui vouloit essuier son cœur auec des espines, & qui choisissoit pour remede de l'inquietude, la volupté qui en est la mere. Ne faisons pas comme luy , ma tres-chere fille , & ne croyons pas que toutes les petites ioies ou consolations du monde nous puissent adoucir d'vn seul point; mais si nous voulons auoir des nuits serenes , & de bons reueils couchons nous sur vne pensée du Paradis, & tachons dez que nous ouurons les yeux de la reprendre promptement, ou d'asseoir nostre esprit sur quelque autre de méme façon, qui donne le branle & le mouuement à tout ce que nous ferons dans le jour. Ie souhaitterois que le Symbole fut touiours la premiere de nos prieres, comme elle est le seau & le cachet de nostre cœur; quand la tristesse nous enuironne, quand la frayeur nous saisit, quand les ennemis nous poursuiuent, c'est nostre bouclier & nostre fort: nous sommes Chrestiens, nous sommes Soldats, nous faisons profession d'armes & de milice Spirituelle; il est donc à desirer que comme nos legions renouuellent de temps en temps leur serment de fidelité & qu'elles protestent à l'Empereur qu'elles sont prestes de marcher & de donner contre qui il voudra, qu'aussi ncus disions au moins vne fois le iour à ce grand Monarque du Ciel & de la terre, à qui nous sommes voüez, que nous croyons en luy de tout nostre cœur, que nous l'aymerons toute nostre vie, & que nous le seruirons jusques à la mort. Qui doute que ces paroles du Prophete n'ayent esté escrites pour nous, ie laueray mõ lit toutes les nuits, & j'arrouseray ma couche de mes larmes? Si nous le prenons à la lettre, elles nous enseignent que nos larmes sont fort bien placées dans la nuit, pource quelles sont mieux cachées: elles nous disent qu'autant que nous lauons en ce monde, autant nous effaçons en l'autre, que le Royaume du Ciel qui se donne pour de l'eau fraiche, ne sera pas fermé à nos soupirs; que ceux qui pleurent & qui s'affligent en ce monde ſont bien heureux, pource qu'ils riront & ſeront conſolez dans l'eternité : mais ſi nous detournons le ſens litteral à la metaphore, & que nous prenions le lit pour le corps, le Prophete nous apprend, qu'il faut jetter nos larmes ſur le champ de nos offenſes, qu'il faut chaſtier le corps qui à peché, & que la terre ou l'iniquité a eſté conceuë, doit eſtre couuerte & noyée afin qu'elle puiſſe refleurir & porter de meïlleurs fruits. En ce meſme ſens nous liſons dans le Cantique, que Salomon ſe fit faire vn lit de bois du Liban, dont les colomnes eſtoient d'argent, le repoſoir eſtoit de fin or, & le doſſier d'vn ouurage ſemé de perles : Ce lit n'eſt autre choſes que voſtre corps, & les etofses dont il eſt compoſé ſont autant d'jmages & de figures des quatre elemens dont nous ſommes fait Les perles y ſont miſes pour lair acauſe de leur couleur claire & tranſparente; l'or ſignifie le feu ; leau fait pour l'argent ; le bois nous repreſente la terre: & de ces quatre principes meſléz & liéz enſemble à certaine meſure de proportion, il ſe forme vn corps compoſé qui ſert de demeure & de lit à l'ame tandis que le temperament eſt reglé. Dauid diſoit preſque en la meſme ſorte, que le ſeigneur luy donne ſecours ſur le lit de ſa douleur; certes on ne peut prendre ce lit préciſement à la lettre & pource que porte le mot à moins d'vne jnterpretation tirée & violente; car vne choſe qui n'a point de ſentiment ne ſcauroit eſtre le ſujet du reſſentiment & de la douleur: il reſte donc d'expliquer ce lit pour le corps, & comme il eſt appellé le corps de la mort, de l'appeller auſſi juſtement & à mon aduis auec autant de raiſon le corps de douleur. Ma penſée eſt appuiée de l'eſcriture, & peut eſtre fortifiée de ces paroles de Saint Paul ; miſerable que je ſuis ! qui me deliurera du corps de cette mort, & pour ce que ce premier paſſage de Dauid s'applique nettement aux ſouffrances de Ieſus. Chriſt & qu'il y a des hommes ſi delicats qu'ils ne peuuent entendre dire que le fils de Dieu ſe ſoit reueſtu d'vn corps de douleur, je mettray icy pour adouciſſement, que l'amour parfait rend les peines honnorables, & que le Diuin ne s'epargne point ; que ceux qui debattent auec nous pour vne parole, en doiuent digerer de beaucoup plus dures & croire auec toute l'Eglise, s'ils sont fideles, que ce Messie qu'ils ne veulent voir que sur le Thabor, a esté crucifié dessus le Caluaire; qu'il a ressenti & pleuré la mort du Lazare, qu'il a esté battu & meurtri à sa passion, qu'il est sorti du sang &, de l'eau de la plaie de son cœur de l'eau pour nous lauer, du sang pour nous nourir, qu'il est nostre esperance, nostre confiance, nostre merite, nostre resurrection & nostre tout. I'aiouste que les foiblesses de ce tres-puissant Seigneur, sont les auantages de ses pauures creatures : il est resuscité pour nostre bien, il est mort pour nous faire viure, c'est pourquoy i'ay à vous prier d'vne part que vous vous reiouiſſiez, comme dit l'Apoſtre, ſelon Dieu, & que vous pleuriez pour le monde qui ne l'ayme pas; que vous ſoiez alaigres & diſpoſts à la penitence, & que vous compatiſſiez aux pecheurs qui ne la font point. Pour conclusion & pour bonne bouche, prenez s'il vous plaiſt ce commandement de ſaint Paul, que toutes vos actions & vos paroles ſoient animées de l'amour de Ieſus Chriſt, rendans graces à Dieu ſon Pere par ſon nom, & vous ſouuenant que c'eſt luy qui a eclairé nos tenebres & qui nous a gagné la vie par ſa Sainte mort. En cette façon vous ne rirez jamais qu'a propos, & ne pleurerez jamais ſans proffit, ſi vous changez de viſage vous ne changerez point d'eſtat, d'autant que la paix de l'ame & la tranquillité vous demeureront. On louë les malades qui n'ont point de bizarrerie & qui se laissent traitter à l'aueugle ; & on les assure que s'ils continuent d'obeïr au medecin, & de contraindre leurs petites inclinations, ils seront bien tost en santé ; ie vous dits de méme & auec beaucoup plus d'assurance qu'en gardant ce rapport absolu & vniuersel de tout ce que vous estes à IESVS-CHRIST, vous deuez esperer de grans Thresors ! Ouy ma sœur, tout ce que vous direz & tout ce que vous ferez seront des merites pour vous, & des remedes pour vostre prochain.

CHAP. VIII.

Qu'elle doit eſtre la joye d'vne honneſte fille.

E n'eſt point mon eſprit ny mon conſeil, que les filles ſoyent chagrines & abbatuës ; au contraire ie les porte autant que ie puis à la belle humeur & à la joye, mais ie voudrois bien qu'elles la priſſent aux bonnes ſources, & qu'elle partit du cœur, & de la parfaite intelligence qu'elles ont auec Dieu, & de la pureté de leur conſcience. Car tous ces autres contentemens qui ſe cueillent dans les compagnies, ſur des collations, à des nopces, en des concerts de Musiques ou deux bandes de violons, ne ſonnent qu'amour & liberté, ou apres beaucoup de vin & de viandes repanduës on ſe met à jouer & a danſer, ce ſont des ſatisfactions animales, & des conſolations qui flattent les ſens, & qui tuent les ames. On y voit tant de laches contenances, tant de recherches affectées, tant de priuautez ſuſpectes, tant de mauuaiſes perſpectiues, tant d'orages ſur la Chaſteté, que ie ne crois pas qu'vne honneſte fille y puiſſe ſeulement aſſiſter ſans rougir, & que les plus ſages d'entre les vertus y puiſſent ſubſiſter ſans ſe perdre. Ie les condamne de toute mon autorité, & j'ordonne aux Vierges de n'y point penſer ſi elles ne veulent changer de nom. Vn prophane diſoit que ceux qui n'ont point beu ne danſent jamais tandis qu'ils ſont ſages : ſi cela eſt vray & que meme dans l'opinion des Payens, il n'y à que les hommes ſeuls & les foux qui s'abbaiſſent iuſques à cét excez, que deuons nous croire, nous qui ſommes illuminez, nous qui auons appris les Eſcritures, & qui auons leu dans l'Euangile, que le Precurſeur du Meſſie fut condamné à la mort ſur la fantaſie d'vne danſeuſe, & pour recompenſe de ſon eſſor ? Ne voyons nous pas combien la danſe couſte à l'innocence, & combien elle eſt habille & ingenieuſe à mal faire, puis qu'elle entreprend ſur les iuſtes au deſſus de la cruauté ? Ie ne meriterois pas de vous parler, ſi ie ne me ſaiſiſſois en cét endroit du bel auantage qui ſe preſente dans l'Histoire de Saint Iean Baptiste, & si ie ne faisois vne reflexion particuliere sur toutes les circonstances de ce fait; car il sert extremement à mon propos & il vous importe, mes cheres filles, de les reconnaitre toutes, & de voir qu'elle est la personne qui souffre, qu'elle est celle qui la condamne, dequoy on l'accuse, comment & en quel temps on l'a fait mourir. Les Iuges sont des adulteres; le Criminel est vn Saint. Ceux-la ont fait tout ce que peuuent faire les méchans quand ils se rencontrent dans les occasions auec le pouuoir; celuy-cy n'a point commis d'autre crime sinon qu'il a dit à l'oreille d'vn mauuais Prince que le deshonneur de sa Cour deplaisoit à Dieu. La mort d'vn Prophete est miſe pour prix de la bonne grace d'vne folle : l'arreſt de la condemnation ſe fait ſur la nape, au lieu où toute les paſſions ſe reconcilient, par des perſonnes intereſſée, apres auoir bien ſoupé : & c'eſt ce que ny les Indiens, n'y les Æthiopiens, ny les Barbares mémes n'ont iamais veu. On parle tout enſemble de careſſe, de ſanté, de bons morceaux, de vengeance, d'execution, de ſang & de mort. Que de plis & de raffinement de malice dans vn ſeul peché? Au point que la compagnie eſt plus échauffée, & que tout le monde ſe preſſe pour ſe rejouir, on fait entrer dans la Salle vne ieune fille, admirable en diſpoſition de corps, mais qui feroit mieux ſi elle eſtoit ſage, de coudre ou de filer aupres de ſa mere, que de danſer au milieu des hommes. Ils quittent tout pour la regarder de toute l'attention qu'il leur reste ; & c'est chose estrange comme elle penetre dans ces esprits moux & moüillez. Ils ne se peuuent souler de sa gentillesse, mais ils apprennent à leur dommage, qu'vne fille trop ajustée est vn dangereux attrait, particulierement quand elle est trop libre, & qu'elle s'oublie de regler ses mouuemens, quand elle decouure son corps, qu'elle darde ses yeux, qu'elle jette sa teste, & qu'elle eparpille ses cheueux. Ie ne m'estonne point si apres cela on méprise la diuinité, & si on persecute les gens de bien, pour ce que la honte estant vne fois tombée, & le rampar des vertus estant abbatu, il n'est absolument plus de peché qui ne puiſſe auoir accez. Le plus touché & le plus rauy de tous, c'eſt le Roy ; car outre le plaiſir commun qu'il partage également auec les aſſiſtans, il y à de plus pour luy que celle qui danſe eſt l'image de celle qu'il ayme ; c'eſt pourquoy tout ce qui vient de cette part eſt extremement ſenſible pour ſon cœur. Apres l'auoir loüée, comme font tous les paſſionnés, iuſques à l'infini, il l'oblige de luy demander quelque choſe ; & il luy commande d'eſtre auſſi hardie qu'il a enuie d'eſtre liberal. Ce n'eſt point aſſez pour ſa prodigalité : il iure & proteſte ſur ce qu'il connoit, de plus Saint, qu'il eſt preſt de luy accorder toutes choſes, iuſques à la moitié de ſon eſtat ? Voila le iugement que portent les Princes de toutes les grandeurs du monde, & le sentiment qu'ils ont de leur condition ; ils donnent vn Royaume pour vn balet Cette dégoutée n'a point d'appetit à tant de choses ; & comme elle est fille d'vne mere vindicatiue, & instruite d'elle, elle remercie le Roy de ses grandes offres, & le prie pour recompense, de la fauoriser seulement d'vn plat de sa table, ou elle puisse voir de la chair de son ennemy, & la teste de Iean Baptiste. Le texte sacré remarque qu'Herodes fut surpris au dernier point, & qu'il se repentit de s'estre engagé si auant. Ce n'est pas pourtant vne veritable penitence, mais vn simple adueu & vne reconnaissance de sa faute ; en suite de ce qui arriue ordinairement ; que les grans crimes ouurent les yeux à ceux qui les font, & que les premiers Iuges des pecheurs ſont les pecheurs mémes. l'Euangile ajouſte qu'il eut quelque apprehenſion qu'on ne le prit pour vn homme ſans parole, s'il ſe dementoit de ce qu'il auoit promis; qu'elle indignité de commettre vn parricide pour ne point manquer au reſpect? Elle dit de plus qu'il fut piqué de quelque faux remors de Religion & que ſon ſerment le toucha; il eſt trop iniuſte pour eſtre ſcrupuleux; ſa crainte eſt vne foibleſſe ſuperſtitieuſe & le tremblement d'vn deſeſperé: s'i lauoit de la preuoyance & de la raiſon, il ne deuoit, pas s'engager, & s'il auoit de la conſcience, il ne deuoit pas tenir ſa promeſſe. Auſſi le Sauueur du monde, nous à recommandez en termes expres, de ne point jurer legerement, pource que la raiſon & la neceſſité nous obligent de defaire ce que l'Ignorance ou la boutade nous peuuent auoir conſeillez. Mais Herode croit que l'apparence de la Religion eſt meilleure que la Iuſtice, & que c'eſt aſſez d'auoir juré; ſous ce pretexte il commande qu'on execute. A qui me plaindrai-ie voiant vn commandement ſi precipité & ſi temeraire! A qui porterai-ie mes ſentimens! A qui le dirai-ie? N'eſt il pas vray mes tres cheres filles, que l'jmpudicité eſt bien inſolente, que la dance à bien fait du mal, & que le pariure eſt plus excuſable que la pieté des méchans. Qui n'eut crû quand on entendit donner l'ordre, & qu'on d'epechoit à la priſon, que c'eſtoit pour quelque grace obtenuë à table , & pour l'elargiſſement du Prophete ? qui n'eut crû qu'au jour de la naiſſance du Prince,perſonne ne deuoit mourir ? Qui n'eut penſé que cette fille qui auoit gaigné tant d'homme par ces mignardiſes, ne deut ſauuer celuy cy par ſa faueur, & par le pouuoir qu'on luy en donnoit ? Quel accord, de la cruauté à la volupté, de la vengence a la dance, du feſtin à des funerailles ? Le plus juſte & le plus innocent des hommes apres le Meſſie, eſt condamné à la mort par vn yurogne, & à la ſollicitation d'vne courtiſanne, par vn arreſt donné à table ; duquel s'il auoit eſté abſous, il ſeroit bien malheureux. L'execution n'eſt point arreſtée, ny par la faueur, ny par l'innocence ; il eſt mort ; on porte ſa teſte dans vn baſſin à ceux qui l'attendent.

Herodes qu'auez vous fait? Si vostre bonne chere vous auoit laissé vostre bon sens, & que vous puissies entendre, je vous le dirois encore vne fois, qu'auez vous fait? Mais dans l'estat ou vous estes, la teste panchante, les yeux entr'ouuerts, la raison à demy esteinte, troublé de colere, passioné d'amour; pauure Prince que vous dirai-ie? Considerez le dernier seruice qu'on vous presente: c'est l'yssuë de vostre impudicité, & vn mets Choisi pour souler vostre tyrannie; mangez en tout seul, & creuez vous. Ce n'est point assez d'en taster des yeux, mettez y la main; & asseurez tous vos sentimens que vous les établissez dans leur liberté, en leur ostant leur reformateur. Et pource que vostre faim est insatiable, & qu'il ne se treuue pas d'aſſez, grans vaſes deſſus vos buffets pour étancher la ſoif qui vous brûle, beuués à toutes les veines de ce corps ſacré, & voyez qui deſaltere le mieux du vin ou du Sang. Helas vous penſiez vous affranchir & vous vous eſtes engagez : Ces yeux qui vous ont donné tant d'allarmes vous pourſuiuant encores apres la mort, & en ſe detournant de ce que vous faites, ils vous font paraitre juſques à la derniere heure que tous vos excez leur ont depleu ; ils ſe ferment pour ne vous plus voir. Il eſt vray que cette bouche d'or eſt muete, qu'on ne vous dit plus comme autrefois, que la femme de voſtre frere n'eſt point la voſtre : neantmoins apres la perte du ſentiment, elle garde aſſez d'Eloquence & de majeſté pour ſe faire craindre. Cette langue, qui ne peut mourir, parle tousiours; & par vne palpitation naturelle, & des mouuemens semblables à ceux de la vie, elle vous reproche qu'apres auoir deshonoré le lit de vostre parent, vous auez estranglé le meilleur de vos amys & vostre Pere. Ie m'arrete à vn homme qui ne m'entend point; cependant par commandement expres, la teste du Prophete est donnée à Herodias (c'est la mere de cette bonne fille & l'obiet d'Herode) qui fait sur cela de grans cris, & des applaudissemens de femme; & qui s'imagine que tous ses pechez sont cachez, depuis que son juge n'est plus. Qu'en dites vous mes cheres Dames. Ne reconnaissez vous pas auec moy que vos filles sont mieux en l'Eglise que dans la salle du bal? Ne m'auoürez

rez vous point que les danſes de cette ſorte ne ſont point des jeux de perſonnes ſages ? Et que les filles qui les ayment & qui les frequentent, font vne proteſtation publique que leurs meres ne valent rien, & qu'elles ont enuie de leur reſſembler ? Et vous Meſſieurs, obligez moy s'il vous plaiſt de chercher des tables plus innocentes où l'impudicité ne paraiſſe point, où la cruauté n'ayt point de place, où vous puiſſiez rire & vous rejouir ſans peché.

P

Chap. IX.

De quelques actions extraordinaires, pratiquées par les Vierges.

E seroit mon dessein de fermer icy mõ discours, n'estoit qu'il me semble que vous m'arrestez, & que vous me demandez ce que je pense de quelques vertus hardies pratiquées par les Chrestiens : comme nous lisons dans l'Histoire, que les vns se sont precipitez du haut des maisons, que les autres se sont jettez dans l'eau ou dans le feu ; que d'autre ont passé a quelques excez semblables pour euiter la force & la violence des tyrans : & comment on peut accorder en conſcience & Chreſtiennement ces deux choſes, entreprendre ſur ſa vie & n'eſtre point homicide? La queſtion eſt grande & embarraſſée ; neantmoins comme vous auez le droit de me faire parler quand il vous plaiſt, ie vous diray premierement, ma chere fille, qu'il ſied mal aux hommes de iuger des Saints. Ie vous diray de plus, que Dieu eſtant le Maiſtre abſolu, non ſeulement de nos vies, mais encores de nos actions, il peut quand il veut, nous fortifier & nous preuenir de ſes graces particulieres, & aſſurer noſtre courage pour nous faire operer ſans crainte ; ou ſi vous l'aymez mieux d'vn autre biais, il nous peut éclairer ſi hautement, qu'auec la lumiere qu'il nous donne, nous nous determinions à des coups extraordinaires, que nous ne ferions pas sans cela. I'adjouste que les saints de cét ordre sont bons à aymer & à honnorer, mais qu'il ne faut pas aller apres eux; qu'ils sont admirables, mais qu'ils sont inimitables & comme nous voyons que dans les maisons des grans il y à certaines choses Sacrées, des lieux fermez où l'on ne touche que de l'œil; aussi toutes les entreprises de ces braues temeraires sont des ouurages éleuez au dessus de nous; c'est nostre deuoir de les suiure de respect & d'admiration, mais non pas de les imiter & d'y pretendre. En ce sujet les exemples & les Martyrs ne nous manquent point; & ie vous apprend pour vous consoler, & pour acheuer vos étõnemens, que les Vierges gardent icy le premier ordre, & que les dernieres & les plus foibles de sexe sont les plus vaillantes de cœur. Ie ne vous fais estat que d'vne Pelagie d'Antioche, c'est à dire d'vne jeune fille de quinze ans; sœur de deux autres filles qui luy ressemblent en vertu: & toutes trois d'vne mesme mere qui les éleua dans la crainte & dans l'amour du vray Dieu, & qui leur apprit de bonne heure à connaitre IESVS CHRIST. Au premier édit qui fut publié contre les Chrestiens, Pelagie se trouua toute seule dans sa maison; & plustost que ie ne l'escris elle fut inuestie & assiegée, par vne troupe de Soldats qui luy demanderent d'abord, l'honneur ou la Religion. La pauure fille ne pouuoit prendre conseil, ny de sa mere ny de ses sœurs qui n'y estoient pas ; mais elle creut auec beaucoup de raison & de verité, que Dieu n'estoit pas loing, & qu'il l'écoutoit ; ie m'adresse à vous luy dit-elle, & du méme cœur que ie vous sers, ie vous recommande ce que ie vous garde ! O mon amour, nous voila reduits à l'extremité que ie craignois ; obligez moy de dire ou que vous n'estes point mon Dieu, ou que vous n'estes point mon espoux, contraints de penser aux hommes & de vous quitter. N'y à t'il point d'autre voye pour en sortir ? Demandons la mort à ceux qui ayment nostre vie, & s'ils nous la donnent prenons là ; s'ils nous la refusent, cherchons-là. Ie sçay bien que nous sommes obligez naturellement à nous conseruer , & qu'il nous est deffendu d'auancer nos iours quand nous pouuons viure. Mais quand on y est forcé , & qu'on ne peut faire autrement , cette precipitation me semble innocente, pource que la necessité efface la Loy. Dieu est bon , & ie ne pense pas qu'il trouue mauuais que ie prenne vn remede vn peu violent n'en ayant point de plus doux ; La Foy me soustient , mon zele m'excuse. Apres tout s'il estoit question de raisonner , il n'y à rien de si naturel que d'estre cueilli en son temps , rien de si contraint que d'estre attaché à vne vie honteuse & infame ; il n'y à donc rien de si injuste ; Ne balançons-plus , il faut partir. Ie ne m'enquiete point pour la façon ; dans la connaissance que j'ay , que de la vie à la mort, il y à vne infinité de chemins qui adressent heureusement sans que le bourreau y mette la main, sans que je palisse ou que je tremble, je m'en vais disposer d'vn grand Sacrifice, qui les mettra tous hors de peine; & je les empecheray bien d'offenser Dieu; j'éteindray de mon sang le feu des parfums qui brûlent deuant les Idoles; je renuerseray les Autels; ou bien. Elle fut contrainte de briser à demi-mot, pource que les Soldats entroient deja jusques dans sa chambre, heurlants & crians comme des loups affamez. Pour ne les point effaroucher, elle les accueillit de mine & de visage, beaucoup plus honnestement qu'ils ne meritoient; Mais en suite elle leur fit vn compliment de bouche en paroles obſcures & ambigües, qu'ils n'entendront qu'apres ſa mort. Meſſieurs leur dit-elle, vne jeune fille comme moy n'a point d'autres armes que ſes larmes; obligez moy d'auoir compaſſion des miennes, & de me faire miſericorde: Vous me demandez ma pudicité ou mon Dieu; c'eſt trop; car c'eſt tout mon bien. Mais ſi vous voulez vous contenter de ma pauure vie, ou de ma maiſon ou de mes meubles, je vous aſſure que vous m'obligerez infiniment. Au moins vous eſtes ſi braues, que vous ne me refuſerez pas, comme je crois, vne petite demi heure de loiſir, que je vous demande à genoux & de tout mon cœur, affin que ie me puiſſe mettre vn peu en ordre; car dans l'eſtat ou vous m'auez ſurpriſe, ie ſuis fort trompée si ie suis capable de vous plaire. Permettez moy donc s'il vous plaist que ie fasse vn tour iusques au dernier estage de la maison ou j'ay accoutumé de serrer mes robes & mes miroirs ; & je vous promets sur ma conscience que je vous donneray de là tout le contentement que je pourray, & que je descendray plus viste que vous n'esperez. Toutes les grandes passions sont aueugles ; cest pourquoy entre les hommes les plus aisez à tromper sont les grans pecheurs : Ceux-cy, dont ie parle, se laissent amuser d'apparance ; & sous les paroles qu'on leur donne, ils font échaper la proye qu'ils tiennent desja : & ils sont encores bien plus estonnez quand ils l'apperçoiuent tomber & mourir à terre sans qu'ils en puissent jouir.

Creuans de despit, de se voir jouez par le strageme d'vne fille, ils se mettent à chercher la mere & les sœurs, à dessein de reprendre sur celles cy tout ce qu'ils ont perdu dans la mort de celle là. Vous deuez scauoir, que sur le bruit de la persecution, & sur la crainte d'estre prostituées comme plusieurs autres, elles estoient sorties de la ville, en resolution de se cacher n'ayans pas le pouuoir de se deffendre: Mais comme ce sexe à peu de disposition à la fuite, en moins de deux heures elle furent atteintes par des hommes qui ne manquent point d'ardeur à la poursuite des occasions, & qui volent apres leurs plaisirs, Et de malheur elles se trouuerent enuelopées tout à la fois, ayans à leur queüe vn escadron de bourreaux, & à leurs pieds vne grande riuiere, qui les arreste. Il n'y à point de conseil à prendre, ou il se faut perdre, ou il se faut abandonner: si elles scauoient ce que Pelagie à déia fait ? mais l'exemple n'est pas necessaire à celles qui ont du courage & qui sont inspirées de Dieu ; que craignons-nous ? Le remede est aussi proche de nous que le danger, nous sommes sauuez puis que nous pouuons mourir. Voila de l'eau ; c'est le Baptesme des Vierges, apres lequel comme il n'y à plus de faute, il n'y à plus aussi de crainte. C'est l'eau qui ouure le Ciel, qui ferme l'enfer, qui gaigne la mort, qui declare les Chrestiens, qui fait les Martyrs. O Dieu nous allons à vous, ne souffrez-point s'il vous plaist que la mort separe ce que l'amour a conioint; nous auons vescu du méme Esprit, nous voulons mourir du méme, coup, nous n'auions qu'vne ame, & nous n'aurõs qu'vn tombeau. Ayans dit ces paroles, elles accommoderent leurs robes dans la modestie, affin qu'elles ne pussent estre découuertes à pres la mort, & que neantmons elles pûssent marcher à leur aise; apres cela elles se donnerent la main l'vne à l'autre, comme font les filles quand elles se disposent à la danse; Et puis elles entrerent toutes trois dans la riuiere, auec vne si belle resolution, & si peu de crainte en effet, que ceux qui les voyent, & qui ne scauent pas leur dessein, ne purent penser autre chose, sinon qu'elles se préparent à se baigner. Croiries vous bien que pas vne d'elles ne tâte le pas, que pas vne ne doute de ce qu'elle fait, que toute leur inquietude c'eſt de rencontrer la terre, que tout leur ſoing c'eſt de chercher & de trouuer le lit de la riuiere où ſont ordinairement les plus grandes eaux! La pauure mere ſerre ſes deux filles le plus eſtroitement qu'elle peut, & apres les auoir encouragées de ſon exemple, elle les baiſe pour la derniere fois, & leur dit à Dieu: Elle coniure les flots de les bien garder, & prie l'Epoux de les receuoir auec elle, ô mon Dieu, ce ſont les victimes de voſtre amour que vous m'auez donnez autrefois, & que je vous rends aujourdhuy, ce ſont des exemples de Chaſteté pour tous les ſiecles qui viendront, & les cheres compagnes de mes ſouffrances; ce ſont mes filles & vos eſpouſes; ou est Pelagie? Elles expirent tou-trois sur ces paroles, & ie ne m'estonne pas qu'ayans esté si bonnes pendant leur vie, elles soyent si sages apres leur mort. Leurs corps garderent la méme posture ou ils furent mis, l'eau n'osa rompre ce que l'amour de Dieu auoit fait, les flots respecterent ce que la modestie auoit caché: la mere se tint colée à ses cheres filles par des marques de pieté, qui furent plus longues que ces sentimens; les filles moururent sur le corps de leur bonne mere, & acheuerent leur vie ou elles auoient pris leur naissance. Et c'est desormais assez, ma tres-chere sœur, & j'ay desia tort de vous entretenir si long temps de choses étrangeres ayant chez nous de si beaux exemples. Nostre maison a porté des Vierges &

des Martyrs, vous le sçauez, de sorte que nous pouuons dire sans mentir, que la vertu nous estant comme hereditaire il ne tient qu'à nous d'y succeder. Et certainement vous n'auez point veu ailleurs ce que vous pratiquez dans vostre retraitte, ou vous n'auez point de compagne qui vous donne exemple, ny de directeur qui vous instruise. Vous le deuez donc à Dieu, & à vostre bonne naissance, & aux merites de cette grande Martyr Soteris qui nous touche tous deux de si prez. Celle qui fut traittée en esclaue lors que les Empereurs dechiroient l'Eglise; celle qui fut battuë ignominieusement sur le visage, c'est à dire sur la partie la plus sensible du corps qui à coûtume de voir les tourmens sans les receuoir, celle qui le qui fut ſi forte & ſi patiente qu'elle repandit tout ſon ſang, ſans donner vne ſeule larme, & laſſa les forces de tous les tyrans ; qui temoigna pour la Foy de IESVS-CHRIST, & qui mourut pour l'amour de Dieu : c'eſt elle, ma ſœur, qui eſt aſſurement voſtre maiſtreſſe, & qui vous a appris la Virginité ; c'eſt elle qui nous dit, que nous aurons grande obligation d'imiter les ſaints, puis qu'il eſt vray en toutes façons, que nous ſommes de leur ſang & de leurs enfans.

FIN.

EXTRAICT DV Priuilege du Roy.

PAR grace & Priuilege du Roy il eſt permis au Pere François Adam le Vrin de la Compagnie de IESVS, de faire Imprimer par tel Libraire qu'il voudra choiſir vn Liure Intitulé *le Liure des Vierges composé par Saint Ambroiſe Eueſque de Milan*; qu'il a traduit en François & ce pour le temps & eſpace de cinq ans auec deffenſes à tous Libraires Imprimeurs & autres que celuy qui aura ceſſion de ſon Priuilege de l'Imprimer ny faire Imprimer durant ledit temps ſur peyne de quinze cens liures damende & de confiſcation des exemplai-

www.ingramcontent.com/pod-product-compliance
Ingram Content Group UK Ltd.
Pitfield, Milton Keynes, MK11 3LW, UK
UKHW020547180726
13838UKWH00001B/84